INITIATION À LA PRIÈRE ET À L'ADORATION

Anne-Françoise Vater

INITIATION À LA PRIÈRE ET À L'ADORATION

Éditions de l'Emmanuel

Nihil obstat.
Paris, le 11 juillet 2006,
M. Dupuy.

Imprimatur.
Paris, le 11 juillet 2006,
M. Vidal, v. e.

37, rue de l'Abbé-Grégoire, 75006 Paris

ISBN 2-915313-71-7

Avant-propos

C'est le cœur rempli de joie et d'étonnement que je veux vous raconter comment les « Écoles de prière et d'adoration » et ce petit livre ont vu le jour.

Tout a commencé le dimanche 11 janvier 2004, en la fête du Baptême de Jésus.

Ce jour-là en Allemagne, dans toutes les paroisses catholiques, les prêtres ont lu la lettre que les évêques de ce pays avaient écrite aux fidèles pour leur présenter les Journées mondiales de la jeunesse qui devaient avoir lieu à Cologne en août 2005. Deux choses m'ont touchée dans cette lettre. D'abord l'espérance contagieuse des évêques souhaitant que « *la préparation de cet événement constitue un renouveau spirituel de notre Église* ». Puis le thème des JMJ : « *Nous sommes venus pour l'adorer* » (Mt 2, 2). Je le connaissais déjà, mais ce jour-là, pour la première fois, j'ai réalisé que l'adoration était le thème que le pape Jean-Paul II avait choisi pour les JMJ qui devaient se dérouler en Allemagne, dans le pays qui avait vu naître la Réforme ! Est alors montée dans mon cœur une joie immense et débordante, ainsi que la certitude que la Communauté de l'Emmanuel, qui vit de l'adoration eucharistique, était appelée à participer à la préparation des JMJ et à contribuer « *au renouveau spirituel de l'Église* » en faisant tout pour faire découvrir ou redécouvrir aux hommes et aux femmes de notre temps ce trésor qu'est l'adoration eucharistique. Puis j'ai eu dans le cœur le mot « écoles d'adoration » et j'ai vu comme des petites flammes qui s'allumaient dans toute l'Allemagne et se communiquaient ensuite à l'Europe, puis au monde entier.

Je voyais se déployer devant moi, comme en éventail, tous les aspects de ce projet.

Tout d'abord il fallait qu'il soit simple, léger et réalisable par tout le monde. J'ai pensé qu'on pourrait avoir une rencontre tous les mois dans une église et qu'elle pourrait commencer par l'apprentissage d'un chant d'adoration pour ouvrir le cœur des participants et les mettre à l'aise.

Ensuite il y aurait un temps d'enseignement avec une partie théorique et une partie donnant des petits conseils très concrets pour la prière. Il fallait que ces enseignements soient entièrement rédigés afin que même des personnes qui n'auraient jamais fait un enseignement de leur vie puissent se lancer en s'en inspirant largement. J'ai immédiatement été persuadée qu'on allait découvrir des charismes d'enseignements insoupçonnés jusqu'alors !

Ensuite il était nécessaire que ce projet soit réalisable avec un nombre très restreint de personnes : il suffirait d'une personne ou deux pour donner les enseignements et d'un prêtre ou d'un diacre pour exposer le Saint-Sacrement.

Je me disais aussi que le temps d'adoration ne devrait pas dépasser quinze minutes au début, afin de ne pas décourager ceux qui en feraient l'expérience pour la première fois, et pourrait aller en augmentant.

Pour soutenir la prière, nous pourrions faire des fiches pour les participants avec des citations extraites des enseignements.

Et enfin je pensais qu'il serait bon d'avoir un temps d'échange fraternel pour partager l'expérience vécue et ainsi, dans le meilleur des cas, constituer un petit groupe très uni de personnes qui continueraient après la fin du cycle à adorer dans leur paroisse.

J'ai prié pendant trois jours avant d'en parler au modérateur de la Communauté de l'Emmanuel, ce qui peut paraître court, mais qui était un exploit vu la joie qui m'emplissait et qui menaçait de déborder ! Il m'a répondu que l'idée était bonne et que nous pourrions commencer en Allemagne. Les responsables de ce pays ont été tout de suite enthousiastes et ont constitué une équipe pour m'aider à travailler sur ce projet. Nous voulions commencer les écoles en octobre 2004 et avions prévu douze enseignements, un par mois, jusqu'aux JMJ en août 2005.

Il était évident qu'il fallait commencer par parler de l'Eucharistie et pour cela puiser abondamment dans le trésor que le pape Jean-Paul II venait de nous donner avec son encyclique sur l'Eucharistie publiée en avril 2003. Nous avons ensuite établi une liste de douze thèmes à traiter en autant d'enseignements, qui constituent les chapitres de ce livre. L'ensemble est devenu une sorte de méditation sur plusieurs aspects de la foi et de la prière, ceci toujours en lien avec l'Eucharistie.

Mais une immense surprise nous attendait encore !

En septembre 2004, alors que trois des douze enseignements prévus étaient déjà écrits, nous avons appris, comme vous tous, que le pape Jean-Paul II proclamait une Année de l'Eucharistie débutant en octobre 2004, au moment même où les écoles d'adoration devaient commencer. Dans sa lettre apostolique introduisant cette année de l'Eucharistie, Jean-Paul II écrivait entre autres : « *En cette année, puisse l'adoration eucharistique en dehors de la Messe, constituer un souci tout spécial des communautés paroissiales et religieuses*[1]. » Je crois que le Seigneur ne pouvait pas nous donner une confirmation plus éclatante que ces écoles, toutes simples et imparfaites qu'elles soient, étaient bien sa volonté. Vous imaginez notre joie et notre émotion ! Et ce qui a suivi est étonnant.

Dès le mois d'octobre 2004 une vingtaine d'écoles organisées par des membres de la Communauté de l'Emmanuel avaient commencé dans des paroisses, d'autres étaient prévues pour le début de l'année 2005. Certains faisaient seuls les enseignements, d'autres se les partageaient avec le curé ou avec d'autres paroissiens bénévoles. Mais le Seigneur a dû penser que les membres de la Communauté n'étaient pas assez nombreux pour cette mission. En effet, à la suite de la parution d'un article sur les écoles d'adoration dans un journal catholique, la *Deutsche Tagespost*, de nombreuses demandes de prêtres, de groupes de prière, de couvents, de jeunes, intéressés par ces écoles, nous sont parvenues. En février 2005 une cinquantaine d'écoles avaient commencé sous différentes formes, animées par des membres de la Communauté de l'Emmanuel, des paroissiens, des religieuses, des prêtres ou des membres de groupes de prière.

C'est à Noël 2004 que les écoles ont franchi les frontières de l'Allemagne. Lors d'un rassemblement international de la Communauté de l'Emmanuel (Fraternité de Jésus) à Paray-le-Monial, des Allemands ont témoigné de ce qui se passait avec les écoles, et leur témoignage a été si contagieux qu'à leur tour de nombreux membres de la communauté, français, mais aussi néerlandais, hongrois, australiens, etc., ont voulu commencer les écoles dans leur pays.

---

1. *Mane nobiscum Domine*, 18.

Actuellement les enseignements sont traduits en huit langues, dont l'arabe, et les écoles ont lieu sur tous les continents, et dans des pays aussi différents que la Hongrie, Israël, la Chine, le Rwanda ou le Pérou.

C'est avec émerveillement que je vois se réaliser ce que j'avais vu lors de la messe du Baptême de Jésus : les petites lumières s'allument partout, et cela se fait tout seul !

La formule est souple et adaptable à chaque lieu. Par exemple nous avons fait une école dans le Nord de l'Allemagne où les catholiques sont une petite minorité. Un couple et un prêtre ont suffi pour démarrer. Et de plus en plus de protestants sont venus participer, attirés par ce qu'ils appelaient un « cours sur la foi », mais surtout attirés par le « pain du ciel ».

Des personnes qui n'auraient jamais osé parler en public se sont lancées et ont découvert qu'elles en étaient capables. Je reçois de nombreux témoignages de personnes me disant que le fait de devoir travailler les enseignements pour les redonner a approfondi leur foi et leur amour pour Jésus et qu'elles sont les premières bénéficiaires de cet engagement.

Dans une autre paroisse où surtout des personnes âgées ont participé à une école d'adoration, de jeunes mamans en ont entendu parler et désirent à leur tour pouvoir suivre un nouveau cycle qui aura lieu en matinée.

Des prêtres un peu découragés retrouvent la joie de célébrer l'Eucharistie et reprennent courage en voyant des laïcs venir les aider concrètement en prenant en charge l'organisation, la publicité et les enseignements de ces écoles.

Dans une paroisse française regroupant une vingtaine de clochers, des paroissiens de toutes les paroisses se sont retrouvés chaque mois pour l'école d'adoration, et ils nous écrivaient : « Nous avons fait l'expérience que nous formions vraiment une Église ».

Dans un village, une femme racontait toute joyeuse que son mari, qui ne vient jamais à la messe, lui avait demandé plusieurs fois : « Mais que faites-vous donc à cette soirée, je ne t'ai jamais vu aussi heureuse et paisible que quand tu en reviens ! » À un autre endroit, une infirmière, mère de quatre enfants, qui connaissait déjà bien l'adoration eucharistique, a découvert la richesse de la vie concrète avec la Parole de Dieu. Ailleurs, c'est un homme qui a vu sa vie quotidienne transformée par l'expérience de la présence de Dieu en lui dans toutes ses activités.

Le Seigneur agit avec force, et j'en suis la première émerveillée !

C'est le fruit de cette intuition de janvier 2004 que les Éditions de l'Emmanuel vous proposent aujourd'hui. Je remercie les membres de l'équipe allemande qui ont travaillé avec moi et m'ont soutenue de leur prière et de leurs conseils, et ont relu et corrigé les textes : Gerhard et Renate Breuer, Petra Schneider, et le père Andreas Schmidt. Ma reconnaissance s'adresse également au Père Denis Biju-Duval, à Claude Mangenet et tout particulièrement au Père Hervé Guillez pour leurs corrections avisées, mais aussi à ma famille et aux membres de la Communauté locale qui m'ont portée… et supportée, ainsi qu'aux deux couvents de carmélites qui ont soutenu ce travail de leurs prières. Et enfin j'adresse un merci tout particulier à Gisèle Chain qui, jusqu'à la parution de ce livre, a diffusé les textes des écoles avec enthousiasme et compétence, et qui a récolté de nombreux témoignages.

J'aimerais enfin préciser que j'ai vivement conscience que ce livre n'est pas un traité de théologie sur l'Eucharistie ou l'adoration eucharistique. J'espère que les nombreuses citations qu'il contient vous donneront envie de consulter les si beaux textes du Magistère (www.vatican.va).

Ce livre n'est pas non plus un traité sur la prière qui aurait pour but de vous aider à franchir les différentes étapes de l'oraison, telles qu'elles sont décrites par exemple par sainte Thérèse d'Avila. Il s'agit seulement d'une première introduction à la prière, d'une méditation sur l'amour de Jésus qui a voulu se faire si proche de nous dans l'Eucharistie. Je souhaite que les lignes qui suivent vous encouragent à venir passer régulièrement du temps devant Jésus présent au Saint-Sacrement, afin que vous découvriez de plus en plus de quel amour vous êtes aimé. Puis c'est Jésus lui-même qui se chargera de vous faire avancer, chacun à votre rythme, dans l'approfondissement de la prière, lui qui nous a dit par l'intermédiaire de Sainte Marguerite-Marie à Paray-le-Monial : « *J'ai soif, mais d'une soif si ardente d'être aimé des hommes au Saint-Sacrement, que cette soif me consume.* »

I

L'Eucharistie

Ce premier chapitre est destiné à nous rappeler ce que l'Église catholique nous enseigne au sujet de ce trésor qu'est l'Eucharistie. Il est un peu plus long que les suivants qui viendront le compléter, car comme l'écrivait le pape Jean-Paul II dans l'introduction de son encyclique : « *L'Eucharistie est un don trop grand pour pouvoir supporter des ambiguïtés et des réductions*[1]. »

Nous ne devons pas nous faire d'illusions. Quand on parle de l'Eucharistie, il faut plutôt « s'accrocher », car c'est un sommet de la foi catholique ! Voilà deux mille ans que l'Église approfondit sa connaissance de ce mystère, et il nous dépassera toujours. Mais il est indispensable que nous fassions l'effort d'essayer de le comprendre au moins un peu au début de notre parcours.

Et puis rassurez-vous, les chapitres qui suivront seront vraiment plus simples, car ce que nous cherchons ici, ce n'est pas seulement une connaissance théorique mais surtout amoureuse et donc vitale de l'Eucharistie, comme le montre Mère Teresa dans son testament spirituel :

« *Mes enfants très chers, Jésus veut que je vous dise encore combien il a d'amour pour chacun d'entre vous, au-delà de tout ce que vous pouvez imaginer. Je*

1. *Ecclesia de Eucharistia*, 10.

m'inquiète de ce que certains d'entre vous n'aient pas encore vraiment rencontré Jésus seul à seul : vous et Jésus seulement. Nous pouvons certes passer du temps à la chapelle, mais avez-vous perçu – avec les yeux de l'âme – avec quel amour il vous regarde ? Avez-vous vraiment fait connaissance avec Jésus vivant, non à partir de livres mais pour l'avoir hébergé dans votre cœur ? Avez-vous entendu ses mots d'amour ? Demandez-en la grâce : il a l'ardent désir de vous la donner ... [Il veut vous dire] non seulement qu'il vous aime, mais davantage : qu'il vous désire ardemment. Vous lui manquez quand vous ne vous approchez pas de lui. Il a soif de vous[2]. »

1. L'EUCHARISTIE : UN REPAS

L'Eucharistie est tout d'abord un repas. Jésus a aimé manger avec ses amis, mais aussi avec des gens comme Matthieu ou Zachée qui ont été transformés en le recevant chez eux. En ce Jeudi Saint où Jésus a institué l'Eucharistie, ses douze amis les plus intimes sont présents. Ils sont tous là : Pierre qui malgré son amour pour Jésus le reniera trois fois par peur des représailles ; Judas qui le trahira pour de l'argent, les neuf autres qui s'enfuiront comme des lapins lors de son arrestation, mais aussi Jean, le seul parmi les Douze à être allé jusqu'au pied de la Croix.

Nous aussi, chaque dimanche à la messe, Jésus nous invite dans sa maison : chacun de nous est le bienvenu. Il nous invite à son repas où Lui-même va se donner à nous en nourriture, ce repas dans lequel il anticipe le grand festin de ses noces éternelles avec l'humanité.

---

2. Extrait du *Testament spirituel* de Mère Teresa, cité dans *Il est vivant*, numéro spécial « Mère Teresa », p. 26.

2. UNE ACTION DE GRÂCES

Eucharistie signifie « *action de grâces* ». « *Jésus suit les rites d'Israël. Il récite sur le pain la prière de louange et de bénédiction*[3]. » Jésus, et nous avec Lui, remercions le Père pour le pain et le vin, « *fruits de la terre et du travail des hommes* ».

Toute la création est présente dans ce petit morceau de pain :

- la terre (le sol où le grain de blé a été semé pour y mourir et ainsi donner du fruit) ;
- le feu (le soleil pour faire pousser le blé, et le feu pour cuire le pain) ;
- l'air (qui permet à la plante de grandir) ;
- l'eau (l'eau nécessaire à toute croissance, et l'eau mélangée à la farine pour faire le pain) ;
- le blé.

Mais ce pain représente également le travail de l'homme à qui cette création a été confiée : le semeur, le moissonneur, le meunier, la boulangère. L'hostie est comme une « *synthèse de la création*[4] », et l'Eucharistie est le lieu où nous remercions Dieu pour cette création.

À son dernier repas avec ses disciples, Jésus remercie aussi le Père pour son amour à l'œuvre dans l'histoire de son peuple Israël.

Mais ces « mercis » sont également attente et appel du don définitif du salut, de la victoire définitive sur le péché et sur la mort dans le « Royaume des cieux ».

Aussi, à la Cène, « *Jésus ne remercie pas le Père seulement pour ses grandes œuvres du passé ; il le remercie*

---

3. Benoît XVI, Homélie de la messe du 21 août 2005 à Cologne.
4. Benoît XVI, Homélie de la solennité du Corps et du Sang du Christ, 15 juin 2006.

pour sa propre exaltation qui se réalisera par la Croix et la Résurrection[5] ».

À chaque messe, nous nous unissons à ce grand merci de Jésus au Père en le faisant nôtre. À travers ce « merci », nous reconnaissons Jésus comme le seul Seigneur ; nous le laissons agir pour nous et en nous, attendant et appelant la venue de son Royaume.

3. LA CÈNE, ANTICIPATION DE LA MORT DE JÉSUS

Ce repas au cours duquel Jésus a institué l'Eucharistie n'est pas un repas comme les autres. Il est un repas d'adieu. Jésus sait que Judas va le trahir, qu'Il sera arrêté et cruellement mis à mort sur la croix. Il sait que « *son corps sera livré* » et que « *son sang sera versé* ». Il le sait. Mais il dit « oui » à cette mort en l'anticipant.

« *En faisant du pain son Corps et du vin son Sang, il* ***anticipe sa mort,*** *il l'accepte au plus profond de lui-même et il la transforme en un acte d'amour*[6]. » Par cette anticipation de sa mort entièrement acceptée, Jésus confirme ces paroles qu'il avait dites à ses disciples : « *Ma vie, personne ne me l'enlève, mais je la donne de moi-même* » (Jn 10, 18), et : « *Il n'y a pas de plus grand amour que de donner sa vie pour ses amis* » (Jn 15, 13).

Or ceux qu'Il appelle « *ses amis* » sont, par-delà les Douze, tous les hommes bien que pécheurs. Aussi Paul s'exclame : « *La preuve que Dieu nous aime, c'est que le Christ, alors que nous étions pécheurs, est mort pour nous* » (Rm 5, 6). Essayons de réaliser cela. Voilà ce qu'est l'amour qui « *va jusqu'au bout* » (Jn 13, 1), comme

5. Benoît XVI, Homélie de la messe du 21 août 2005 à Cologne.
6. *Ibid.*

nous le dit saint Jean dans le récit du lavement des pieds ; c'est cet amour dont nous faisons mémoire et qui nous est offert à chaque Eucharistie.

4. LE LIEU OÙ LA MORT ET LA RÉSURRECTION DU SEIGNEUR SONT RENDUES PRÉSENTES SACRAMENTELLEMENT

L'Eucharistie est bien plus que la commémoration de la mort et de la résurrection du Christ. Le pape Jean-Paul II écrivait : « *Quand l'Église célèbre l'Eucharistie, mémorial de la mort et de la résurrection de son Seigneur,* ***cet événement central du salut est rendu réellement présent***[7]. » Et il ajoutait : « *Ce sacrifice est tellement décisif pour le salut du genre humain que Jésus Christ ne l'a accompli et n'est retourné vers le Père qu'après nous avoir laissé* ***le moyen d'y participer comme si nous y avions été présents.*** » Cet événement est *rendu présent,* cela veut donc dire qu'à chaque Eucharistie c'est comme si nous assistions « en direct » au moment où Jésus fait le don de sa vie. Il n'y a eu qu'un sacrifice unique et définitif de Jésus, une fois pour toutes, et c'est à ce sacrifice unique que nous assistons. Non seulement nous assistons à l'offrande de Jésus et à sa mort sur la croix, mais nous assistons également à la victoire de l'amour sur la mort et en recevons les fruits. C'est parce qu'il « *est vivant et ressuscité que le Christ peut, dans l'Eucharistie, ... se faire "Pain Vivant"* (Jn 6, 51)[8]. »

Mais comment peut-on être rendu présent à un événement qui a eu lieu il y a 2 000 ans ? Dieu créateur est en dehors du temps, il domine le temps qui appartient à la création. Jésus, le Fils de Dieu ayant assumé notre humanité, s'est offert en sacrifice une seule fois selon la

7. *Ecclesia de Eucharistia*, 11.
8. *Ibid.*, 14.

chronologie du monde, mais l'amour qui l'y a conduit est divin et par suite nous est éternellement présent. Lors de chaque messe il nous est manifesté, il est rendu présent à nos yeux. Le Catéchisme l'explique de la façon suivante : « *Tout ce que le Christ est, et tout ce qu'il a fait et souffert pour tous les hommes, participe de l'éternité divine et surplombe ainsi tous les temps*[9]. »

À chaque messe je peux me dire : « C'est en ce moment que cela se passe, aujourd'hui. » N'est-ce pas extraordinaire ?

5. L'EUCHARISTIE EST PRÉSENCE RÉELLE DE JÉSUS.

Mais l'Eucharistie est quelque chose d'encore plus extraordinaire.

L'Église catholique nous enseigne que, sous les apparences du pain et du vin consacrés, Jésus est réellement présent en son corps et en son sang. Cette affirmation nous propulse dans un domaine qui dépasse nos mots, nos sens et notre intelligence.

Dans l'Eucharistie, Jésus ne nous laisse pas un souvenir de sa personne, mais c'est lui-même qui s'y donne à nous, non pas seulement de façon symbolique mais réelle en son corps et en son sang. Dans *Mane nobiscum Domine*, le pape Jean-Paul II écrivait en 2004 : « *Il y a un aspect [de l'Eucharistie] qui, plus que tous les autres, met notre foi à l'épreuve, à savoir celui du mystère de la présence "réelle". Avec toute la tradition de l'Église, nous croyons* ***que sous les espèces eucharistiques, Jésus est réellement présent***[10]. » Nous savons qu'il y a plusieurs

---

9. *Catéchisme de l'Église catholique* (CEC), 1085 ; *Ecclesia de Eucharistia*, 11.

10. *Mane nobiscum Domine*, 16.

formes de présence de Jésus : quand nous prions à plusieurs, il est au milieu de nous ; il est présent dans la liturgie, dans la prière personnelle, dans le service du prochain. Mais, dit le pape, il s'agit ici d'une autre forme de présence de Jésus. Il parle d'une « *présence* ***substantielle*** ». Citons-le : « *En vertu de cette présence, le Christ tout entier se rend substantiellement présent dans la réalité de son corps et de son sang. C'est pourquoi la foi nous demande de nous tenir devant l'Eucharistie avec* ***la conscience que nous sommes devant le Christ lui-même***[11]. »

Ici la notion de « substance » est une notion philosophique qui ne désigne pas ce qui est visible, mais ce qui, sous les apparences, fait l'être profond, l'essence d'une chose ou d'une personne.

À la messe, quand lors de la prière eucharistique le prêtre demande à Dieu le Père d'envoyer son Esprit sur les offrandes et quand, comme Jésus a demandé de le faire, il prononce les paroles de Jésus : « *Ceci est mon corps, ceci est mon sang* », il se produit un changement mystérieux. Le *Catéchisme* nous le dit : « *Par la consécration du pain et du vin s'opère* ***le changement de toute la substance du pain en la substance du Corps du Christ notre Seigneur et de toute la substance du vin en la substance de son Sang;*** *ce changement, l'Église catholique l'a justement et exactement appelé* ***transsubstantiation***[12]. » Trans-substantiation : on passe d'une substance à une autre. Ce que nous voyons a toujours l'apparence et les propriétés physiques du pain, mais en substance, il s'agit maintenant de Jésus tout entier, vrai Dieu et vrai homme, Jésus vivant, Jésus dont le cœur bat, Jésus qui se donne à nous et qui « *a soif* » (Jn 19, 28) de notre réponse

11. *Ibid.*, 16.
12. CEC 1376.

d'amour. « *Il est là !* » comme le disait le Curé d'Ars émerveillé. C'est une réalité.

6. UN DÉFI POUR NOTRE FOI

Voilà une réalité qui met notre foi à rude épreuve comme déjà au temps de Jésus. Dans la synagogue de Capharnaüm, Jésus avait proclamé : « *Le pain que je donnerai, c'est ma chair pour la vie du monde* » (Jn 6, 51). À cette parole les gens ont rétorqué : il est devenu complètement fou ! « *Comment celui-là peut-il nous donner sa chair à manger ?* » (Jn 6, 52). Jésus aurait alors très bien pu leur dire qu'il s'agissait d'un malentendu, il aurait pu dire : « Attendez, ne partez pas, ce n'est pas ce que j'ai voulu dire, ce n'était qu'une façon de parler, ce n'était qu'un symbole ! ». Mais il ne le fait pas. Au contraire, il en rajoute ! Que dit-il ? « *En vérité je vous le dis, si vous ne mangez pas la chair du Fils de l'homme et ne buvez pas son sang, vous n'aurez pas la vie en vous … Ma chair est vraiment une nourriture et mon sang est vraiment une boisson* » (Jn 6, 53.55). Aussi beaucoup répliquèrent : « *Elle est dure, cette parole ! Qui peut l'écouter ?* » (Jn 6, 60). D'aucuns traduisent : « *Ce qu'il dit est insupportable* ! » Le résultat : « *Dès lors beaucoup de ses disciples se retirèrent et ils n'allaient plus avec lui* » (Jn 6, 66). C'est pourquoi Jésus demande à ses disciples : « *Voulez-vous partir, vous aussi ?* » Pierre seul répond : « *Seigneur, à qui irions-nous ? Tu as les paroles de la vie éternelle* » (Jn 6, 67-68).

Il en est de même pour nous devant l'Eucharistie. Si, comme les auditeurs de Jésus, nous voulons la considérer selon nos propres mesures, nous ne pouvons qu'être désorientés, scandalisés : nous chercherons alors à atténuer les paroles de Jésus en ne voyant dans l'Eucharistie qu'un symbole au sens faible d'évocation, le signe d'un repas fraternel…

Nous pouvons et même nous devons nous poser la question : Est-ce que je crois vraiment que l'hostie consacrée est le corps de Jésus et que le vin consacré est son sang ? C'est un immense défi pour notre foi. Car nos yeux voient les apparences du pain, notre bouche ressent le goût du pain, nos mains touchent la consistance du pain. Tous nos sens nous disent : C'est du pain. Et pourtant ce n'est plus du pain, c'est Jésus. Il ne s'agit pas d'une présence matérielle au sens où en communiant je ferais mal à Jésus en mordant l'hostie. Et quand le prêtre la brise en plusieurs morceaux, cela ne fait pas plusieurs morceaux de Jésus. Chaque parcelle est Jésus tout entier. Il s'agit d'une présence réelle au sens où « ceci », l'hostie que nous regardons dans l'adoration, ou que nous mangeons lors de la communion, est vraiment « son corps », Jésus lui-même. C'est tout son être, son humanité et sa divinité que j'accueille en moi, et cette présence ne dépend pas de moi, ou de ma foi personnelle. Elle est objective, même si elle ne peut être reconnue que par la foi et appelle donc ma reconnaissance personnelle dans la foi.

Cette présence réelle de Jésus perdure tant que subsistent les espèces eucharistiques. L'Eucharistie est plus qu'un signe. Un signe, au sens habituel, n'est signe que parce qu'il « me parle » ; j'en suis donc la mesure : si l'Eucharistie n'était que cela, elle dépendrait finalement de la foi de la communauté célébrante, serait mesurée par elle, et garder les hosties consacrées après la messe n'aurait aucun sens.

Ce problème que nous avons aujourd'hui, les chrétiens l'avaient aussi du temps de saint Cyrille de Jérusalem (IVe siècle). Déjà il écrivait à ses fidèles : « *Ne t'attache donc pas comme à des éléments naturels, au pain et au vin, car ils sont, selon la déclaration du Maître, corps et sang. C'est, il est vrai, ce que te suggè-*

rent les sens ; mais que la foi te rassure[13]. » Il est certes important que nous essayions de comprendre le mieux possible ce mystère merveilleux par notre intelligence, mais, au fond, ce n'est que par la foi qu'il se révélera à nous ; le prêtre le rappelle à chaque Eucharistie : « *Il est grand, le mystère de la foi !* »

D'autre part, c'est Jésus qui a choisi de se rendre présent sous l'apparence du pain et du vin consacrés, et qui a voulu laisser à son Église ce sacrement de sa présence. Ce chemin pour notre foi, n'est pas accessoire ou optionnel, comme une concession momentanée à notre caractère sensible, que nous pourrions dépasser. C'est son désir et son commandement : « *J'ai désiré d'un grand désir manger cette Pâque avec vous* » ; « *Faites ceci en mémoire de moi.* » En adorant l'hostie consacrée, nous regardons et nous accueillons dans la foi le Christ tel qu'il veut se donner à l'Église et aux hommes jusqu'à la fin du monde : « *pain vivant descendu du Ciel* » (Jn 6, 50), « *chair qui est vraiment une nourriture* » (Jn 6, 55). Par la foi, nous nous laissons toucher par Celui qui a voulu sous ces apparences du pain de l'hostie consacrée se rendre présent pour nous, le Christ qui nous aime jusqu'à livrer son corps et verser son sang pour nous.

Donc si l'hostie consacrée, le pain sur lequel le prêtre a prononcé les paroles de la consécration, est vraiment le Dieu vivant, les **conséquences** sur notre comportement personnel et ecclésial vis-à-vis de l'Eucharistie ne peuvent être anodines.

7. CROIRE LES PAROLES DE JÉSUS

Il s'agit vraiment de foi et de confiance. Nous sommes appelés à croire les Paroles de Jésus qui nous dit : « *Ceci*

---

13. *Ecclesia de Eucharistia*, 15.

est mon corps, livré pour vous. » Jésus nous demande de lui faire confiance et de croire qu'il nous dit la vérité, lui qui ne ment jamais. C'est une demande personnelle qu'il nous fait : « Crois-tu ? » Lorsque nous communions, nous disons « Amen » en recevant l'hostie. Cela signifie : « Oui, je crois ! » Puisque « *nous avons tous part au même Pain* », Jésus nous unifie dans l'Église : il nous fait tous communier dans cette même foi en Lui. Mais il veut que chacun personnellement le reçoive et lui dise : « Amen ! » Il dit ainsi à chacun : « C'est pour que tu demeures en moi et moi en toi que je me donne ainsi en nourriture. Est-ce que tu crois que c'est moi qui viens à toi, qui me livre par amour pour toi ? Veux-tu vraiment m'accueillir en ton cœur et dans ta vie ? »

Bien sûr, ce mystère d'amour dépasse notre raison, mais ce que nous avons dit précédemment montre que ce mystère n'est pas absurde. La foi soutient et prolonge mon intelligence, sans la nier ou la bafouer, face au mystère. Passer des questions de mon intelligence à l'audace de la foi, dépend aussi de ma volonté, elle-même portée par la grâce de Dieu. Saint Jean a rapporté ces paroles de Jésus : « *Dieu a tant aimé le monde, qu'il nous a donné son Fils, son unique.* » Le Père a remis son Fils bien-aimé, son Unique, entre nos mains. Jésus dit : « *mon corps livré pour vous* ». Or nous savons à quel point il a vraiment livré son corps aux hommes. À la crèche, c'était le corps fragile d'un tout-petit, livré aux soins aimants de Marie et de Joseph. Pendant sa passion, c'était le corps blessé d'un condamné, livré à la cruauté des pécheurs. Eh bien, aujourd'hui, c'est dans l'hostie consacrée que Jésus se livre encore une fois à nous. Il est le Dieu très grand, le Dieu trois fois saint, celui que dans l'Ancien Testament nul ne pouvait voir sans mourir, celui que « *ni les cieux, ni les cieux des cieux ne peuvent contenir* ». Et voilà qu'encore une fois, il vient se donner à nous humblement, comme notre serviteur, comme notre nourriture. Il le fait par amour pour nous, pour que nous le connaissions et que nous vivions par Lui, et que nous partagions sa gloire infinie. Voilà jusqu'où va son amour pour nous !

Quand nous tenons Jésus hostie entre nos mains ou quand nous le contemplons dans l'ostensoir, nous pouvons nous dire : De quel amour faut-il qu'Il m'aime, Lui qui est si grand, pour se faire si humble et pour se donner à moi, personnellement. Il attend que je me laisse bouleverser par lui, que je l'adore, que je l'accueille avec amour, que je lui parle avec amour, que je le remercie pour le don qu'il me fait de lui-même. Je veux lui « rendre amour pour amour ».

8. QU'EST-CE QUE L'ADORATION ?

En fin de compte, qu'est ce que l'adoration ?

L'adoration est rencontre entre Dieu et l'homme. Dans l'Eucharistie Dieu ne nous donne pas quelque chose, il se donne lui-même. L'adoration eucharistique ne doit jamais être considérée indépendamment de la messe. Elle en est la prolongation. Et, de plus, un fruit premier de l'adoration est bien notre faim de communier.

Lors des Journées mondiales de la jeunesse à Cologne, le pape Benoît XVI expliquait aux jeunes les différents sens du mot « adoration » : « *Le mot grec est "proskynesis". Il signifie le geste de la soumission, la reconnaissance de Dieu comme notre vraie mesure, dont nous acceptons de suivre la règle.* » Ainsi, en adorant Dieu, nous le reconnaissons comme notre Dieu, notre tout, celui dont la gloire est infinie, celui dont dépend tout l'univers, celui « *de qui nous tenons la vie, le mouvement et l'être* », celui en qui seul nous pouvons trouver la vérité sur nous-mêmes, celui à qui nous appartenons, celui qui nous appelle à « *lui offrir nos corps en sacrifice vivant et saint*». Mais le pape ajoute aussi : « *Le mot latin pour adoration est « ad-oratio » – contact bouche à bouche, baiser, accolade et donc, en définitive, amour.* » Et ainsi, appartenir pleinement à Dieu n'est pas un esclavage, mais la joie d'un amour qui s'accomplit totalement. Je ne risque rien à m'abandonner totalement à lui, puisqu'il m'aime infiniment, et que dans l'eucharistie, il me le prouve d'une manière inouïe.

Ces deux aspects de l'adoration – reconnaissance de la grandeur de Dieu, accueil de son amour –, nous indiquent la direction que nous suivrons pendant ce parcours : les parties théoriques nous aideront à découvrir toujours plus qui est Dieu et tout ce qu'il a fait pour nous. Cela ouvrira notre cœur pour l'adoration, où nous nous abandonnerons à l'amour de Dieu, à son étreinte. Dans sa lettre encyclique sur l'Eucharistie, le pape Jean-Paul II nous témoigne de son expérience personnelle de l'adoration : « *Il est bon de s'entretenir avec Lui et, penchés sur sa poitrine comme le disciple bien-aimé (cf. Jn 13, 25), d'être touchés par l'amour infini de son cœur. Si, à notre époque, le christianisme doit se distinguer surtout par "l'art de la prière", comment ne pas ressentir le besoin renouvelé de demeurer longuement, en conversation spirituelle, en adoration silencieuse, en attitude d'amour, devant le Christ présent dans le Saint-Sacrement ? Bien des fois, chers frères et sœurs, j'ai fait cette expérience et j'en ai reçu force, consolation et soutien*[14] *!* » Dans une interview sur KTO, Jean Vanier racontait que les proches du pape l'entendaient parfois murmurer dans sa prière : « *Je n'en peux plus.* » Mais jusqu'au bout, ce berger s'est occupé de nous. Ses mots sur l'adoration nous donnent le secret de sa force dans son immense faiblesse.

---

14. *Ibid.*, 25.

9. CONSEILS PRATIQUES POUR L'ADORATION

9.1 L'adoration eucharistique est une attitude intérieure d'accueil.

Après tout ce que nous venons de dire sur l'Eucharistie, voyons maintenant comment adorer.

Au risque de surprendre, il ne s'agit pas d'abord de méthode, puisque l'initiative vient de Dieu : Jésus nous a aimés jusqu'à donner sa vie, et il a institué l'Eucharistie pour nous donner part à son amour. C'est lui qui nous a aimés le premier, c'est lui d'abord qui vient à nous par le don de sa présence eucharistique. Il s'agit d'abord d'une attitude intérieure qui consiste à accueillir ce que Dieu veut nous offrir. Il s'agit de se laisser rencontrer par le Dieu vivant qui se donne à nous en son Fils fait homme.

9.2 Se mettre en présence de Dieu

Une rencontre nécessite qu'il y ait deux personnes : Jésus et moi. Mais je ne pourrai faire l'expérience de cette rencontre que si d'abord je prends conscience que je suis devant une personne réelle, vivante, même si je ne la vois pas. Et c'est elle qui veut me rencontrer.

Déjà Dieu est présent partout par son acte créateur (cf. Ps 139 [138]). Si de plus je suis en amitié avec lui, il habite en mon cœur, temple de son Esprit (1 Co 6, 19). Mais, dans l'Eucharistie, Jésus est substantiellement présent dans son corps, dans son acte d'offrande à la Croix. Il est là pour que je sois présent à lui. J'y suis avec mon corps, y suis-je avec mon cœur selon les mots du Deutéronome : « *Tu aimeras le Seigneur ton Dieu de tout ton cœur, de toute ton âme et de toutes tes forces* » (Dt 6, 4) ?

Les premières minutes sont très importantes pour tout le reste de notre prière. Mais nous ne devons pas faire l'erreur de confondre le sentiment de la présence de Dieu avec sa présence réelle, comme nous le dit saint François de Sales : « *Il me semble, si je ne me trompe pas, que quand nous disons que nous ne pouvons pas trouver Dieu et qu'Il nous paraît si lointain, nous voulons en fait dire que nous ne ressentons pas sa présence. J'ai remarqué que certains ne font pas la différence entre Dieu et le sentiment de Dieu, entre la foi et le sentiment de la foi, et c'est une grande erreur. Il semble à ces personnes, quand elles ne ressentent pas Dieu, qu'elles ne sont pas en sa présence et cela est de l'ignorance. Il y aurait beaucoup à dire sur la présence de Dieu et sur le ressenti de cette présence ; seul Dieu peut nous faire cette grâce*[15] ».

Ce qui est vrai pour l'adoration eucharistique ou la prière devant le tabernacle d'une église, l'est aussi pour la prière personnelle chez soi ou dans le lieu paisible que je choisis pour prier. La première chose à faire, sera toujours de consacrer mes forces à me mettre en présence de Dieu, c'est-à-dire au fond à me souvenir qu'il n'a jamais cessé d'être là, de me regarder avec amour, de m'appeler par mon nom et de me donner vie.

- **Nous mettre en sa présence avec notre corps**

Benoît XVI disait que l'adoration (*proskynesis*) signifie geste de prostration, de prosternation, de reconnaissance de Dieu comme notre vraie mesure. Nous pouvons exprimer cette reconnaissance par notre corps. Celui-ci participe à notre recueillement devant l'Hostie. Je ne saurais être présent de la même manière, dans une attitude avachie, dans une position inconfortable, ou dans une posture tout autant dynamique que détendue. Dans sa lettre *Mane nobiscum Domine*, Jean-Paul II écrivait : « *Il convient tout particulièrement, aussi bien dans la célébration de la Messe que dans le culte eucharistique*

15. Saint François de Sales, *Entretiens*, VI : « Sur le sujet de la modestie ».

hors de la Messe, de développer une vive conscience de la présence réelle du Christ, en prenant soin d'en ***témoigner par le ton de la voix, par les gestes, par les mouvements, par le comportement tout entier***[16]... » Par mon corps je peux exprimer que j'adore, que je me reconnais comme créature devant mon Créateur, confesser la grandeur infinie de ce Créateur. Mais cela suppose qu'auparavant j'aie pris conscience de ma propre présence. Dieu est là, mais moi aussi je suis là. Prononcer mon propre nom peut m'aider : « Moi, X, me voilà devant toi, Jésus... » Si j'étais un aveugle en présence de son Roi dont il connaîtrait l'amour, ne serais-je pas souriant ? Il en est de même devant l'Eucharistie... Puis je vais faire lentement et consciemment un signe de Croix, m'agenouiller quand le Saint-Sacrement sera exposé sur l'autel. Ensuite je pourrai soit rester à genoux, soit m'asseoir et me tenir calme et éveillé. Chacun d'entre nous saura certainement trouver la position ou le geste qui l'aidera à prendre conscience de la présence de Dieu et à l'exprimer.

- **Par des prières vocales**

Le pape Benoît XVI a aussi expliqué que *l'adoration est contact bouche à bouche, baiser, étreinte et donc amour.* Cela signifie qu'adorer c'est certes reconnaître la grandeur de Dieu, mais aussi s'approcher de lui avec amour pour faire l'expérience de cette étreinte.

Dieu me parle : le rituel du culte de l'Eucharistie en dehors de la messe demande ainsi que la Parole de Dieu soit proclamée au moment de l'exposition du Saint-Sacrement. Je peux aussi reprendre la Parole de l'Écriture que l'Esprit peut-être m'a donné de garder en mémoire.

Je lui parle : là aussi, chacun trouvera les moyens les

---

16. *Mane nobiscum Domine,* 18.

plus appropriés pour se mettre en présence du Seigneur. On peut réciter des prières issues de la Tradition de l'Église. Certains prieront par exemple lentement le *Notre Père* ou le *Credo.*

D'autres s'aideront par la récitation de quelques Ave Maria en rajoutant une phrase, comme par exemple : « ... *et Jésus le fruit de vos entrailles est béni, Lui qui est vraiment présent en ce moment dans l'Eucharistie...* »

- **Par des petites phrases à répéter**

D'autres rediront des petites phrases :

- « Jésus, mes yeux ne voient qu'une hostie, mais je crois que tu es là. »
- « Jésus, tu es vraiment là. »
- « Jésus je crois que tu es là, augmente ma foi. »
- « Jésus, tu as dit : "Ceci est mon corps". J'ai confiance en toi, Jésus, je crois en ta parole. »

Nous pouvons chercher ce qui nous aide à entrer et à demeurer en présence de Dieu. Dieu est là. Il est toujours là le premier. La prière est toujours un mouvement qui vient de Dieu. C'est Dieu qui prend l'initiative. Avant même que nous nous mettions en route pour venir le rencontrer, Il est là, Il nous a déjà attendus. Notre part à nous, c'est de nous mettre en sa présence.

L'adoration eucharistique est le lieu de la rencontre de deux désirs :

- le désir de l'homme d'être aimé et d'aimer ;
- et le désir de Dieu de nous aimer et de voir que nous accueillons son amour et y répondons.

Au XVIIe siècle, Jésus, apparu à une visitandine de Paray-le-Monial, sainte Marguerite-Marie Alacoque, lui confiait : « *J'ai soif, mais d'une soif si ardente d'être aimé des hommes au Saint-Sacrement, que cette soif me consume, et je ne trouve personne qui s'efforce, selon mon désir, pour me désaltérer, en rendant quelque retour à mon amour.* »

Notre présence est une réponse à cette soif de Jésus qu'il exprimait déjà sur la croix

Certes, nous ne savons pas vraiment comment nous pouvons lui témoigner notre amour. Mais nous sommes là, et nous pouvons être sûrs que Jésus est heureux de ce temps que nous lui offrons, pour être près de lui, avec lui, pour recevoir son amour et lui montrer le nôtre.

- **Avec notre imagination**

Nous pouvons aussi nous aider de notre imagination. Sainte Thérèse d'Avila disait à ses sœurs que Jésus est aussi devenu homme afin que nous puissions nous le représenter avec les yeux de notre cœur.

Alors fermons les yeux, laissons le regard d'amour de Jésus reposer sur nous. Nous pouvons lui dire :

- « Jésus, tu me regardes avec amour. »
- « Jésus, tu tends les mains vers moi. »
- « Jésus, tu me souris et je te souris. »
- « Jésus, tu me regardes et me répètes que tu as soif de mon amour. »

- **Avec notre vie concrète**

Adorer, c'est reconnaître que « dans notre vie comme dans notre mort, nous appartenons au Seigneur » (Rm 14, 8). Alors nous pouvons lui redire que nous voulons que « *notre vie ne soit plus à nous-mêmes, mais à Lui qui est mort et ressuscité pour nous* ». Et nous la lui remettons, éventuellement dans le détail : « Ma vocation de père (de mère) de cet enfant, elle t'appartient, Seigneur, je te la remets. Ma relation difficile avec tel collègue... Mon argent... Ce souvenir heureux, malheureux... Qu'en tout cela, ce soit ta volonté qui se fasse ! »

9.3 Les distractions

Si nos pensées, notre imagination, se dispersent, semble-t-il, loin de Dieu (et elles le feront souvent), notre cœur profond peut néanmoins rester en Dieu. Il ne convient donc pas de nous agiter mais de ramener à Dieu paisiblement, en douceur, tout ce qui nous est le plus extérieur et qui est donc le plus volage (sensibilité, imaginaire, voire même raisonnement), comme nous le conseille saint François de Sales : nous les présenterons à Jésus, et ce faisant, nous continuerons à nous recentrer sur son amour. « Jésus, tu me connais, tu vois où mes pensées m'ont porté. Je te présente tel souci ou telle personne à laquelle je viens de penser. Jésus, tu es là et tu m'aimes. »

10. L'ACTION DE JÉSUS DANS L'ADORATION

Nous ne répéterons jamais assez que, dans la prière, ce ne sont pas nos sentiments qui comptent. Certains jours nous ressentons de l'amour pour Jésus, ou bien nous ressentons son amour pour nous : réjouissons-nous de ces temps de consolation et soyons-en reconnaissants. Mais il y a beaucoup de jours où nous ne ressentons rien du tout, ou même nous nous ennuyons. Pourtant ce n'est pas déterminant. Ce qui est important, c'est que Jésus soit là et que moi je veuille être là avec lui. L'adoration est une prière animée par la foi qui ne se mesure pas au ressenti. Il est parfois plus méritoire de croire sans rien ressentir que de se laisser porter par ses sentiments dans l'acte de foi.

De même que nous ne pouvons pas rester exposés au soleil sans bronzer, de même nous ne pouvons pas rester en présence du Saint-Sacrement sans que Dieu fasse quelque chose en nous, même si nous ne ressentons rien. Je suis là, tout simplement, et je fais confiance en son action. Jésus a dit à ses disciples : « *Mon Père est à l'œuvre jusqu'à présent et j'œuvre moi aussi* » (Jn 5, 17). Une carmélite française, la bienheureuse Élisabeth de la Trinité, qui vivait particulièrement de la présence de la Trinité en son cœur, a écrit cette prière bien connue : « *Ô mon Dieu, Trinité que j'adore, aidez-moi à m'oublier entièrement pour m'établir en Vous ... Pacifiez mon âme. Faites-en votre ciel, votre demeure aimée et le lieu de votre repos. Que je ne Vous y laisse jamais seule, mais que je sois là, tout entière, tout éveillée en ma foi, tout adorante,* ***toute livrée à votre action créatrice***[17]. »

Si nous ne ressentons rien, si nous avons l'impression qu'il ne « se passe rien », répétons-nous doucement ces paroles : « *Mon Dieu, je me livre à ton action créatrice* », ou bien « *Jésus, je ne ressens rien, mais je crois en toi. Tu es vraiment là !* » Nous pouvons aussi suivre le conseil de Thérèse d'Avila : « *Occupez-vous à considérer qu'Il vous regarde, ne serait-ce qu'un instant si vous ne pouvez faire plus*[18]. » Remis en présence de Jésus, nous pourrons ensuite continuer à lui parler comme à un ami, comme nous le verrons au chapitre suivant.

Dans la prière nous n'avons pas besoin de produire de beaux sentiments. D'ailleurs nous n'avons rien à produire. Au contraire, nous pouvons être en présence du Christ tels que nous sommes, pauvres et petits, comme nous y invite Mère Teresa : « *Mes enfants, vous n'avez pas à être différents de ce que vous êtes dans la réalité pour que Jésus vous aime. Croyez simplement que vous lui êtes précieux. Apportez vos souffrances à ses pieds et ouvrez seulement votre cœur pour qu'Il vous aime tels que vous êtes. Et lui fera le reste*[19]. »

---

17. Cf. CEC 260.
18. *Le chemin de la perfection*, chap. 26.
19. *Testament spirituel* de Mère Teresa, cité dans *Il est vivant*, numéro spécial « Mère Teresa ».

II

Prier comme Marthe et Marie

INTRODUCTION

Qu'est-ce qui vous a décidé à lire ce livre ? Le titre : *Initiation à la prière et à l'adoration* ? Vous vous êtes peut-être dit que vous pourriez y apprendre à adorer, à prier. Peut-être aviez-vous en vous le désir de rencontrer Dieu personnellement, de commencer une nouvelle relation avec lui ou bien d'intensifier celle-ci ?

Dans le premier chapitre, nous avons pris le temps d'écouter ce que l'Église nous dit de l'Eucharistie, grand mystère de notre foi : Jésus, le Fils de Dieu, est vraiment présent substantiellement sous les espèces du pain et du vin. Aujourd'hui nous continuerons à considérer l'adoration eucharistique comme temps de la rencontre. Que pouvons-nous dire, faire pendant le temps que nous passons devant le Saint-Sacrement ? Le pape Jean-Paul II nous décrivait son expérience de l'adoration par ces mots : « *Il est bon de s'entretenir avec Lui et, penchés sur sa poitrine comme le disciple bien-aimé, d'être touchés par l'amour infini de son cœur … Comment ne pas ressentir le besoin renouvelé de* ***demeurer longuement, en conversation spirituelle,*** *en adoration silencieuse, en attitude d'amour, devant le Christ présent dans le Saint-Sacrement*[1] *?* »

---

1. *Ecclesia de Eucharistia*, 25.

Mère Teresa nous invitait également à cette conversation spirituelle : « *N'abandonnez jamais le contact intime et quotidien avec Jésus, personne réelle, vivante, et non pas pure idée*[2]. »

Nous nous mettrons aujourd'hui à l'école de Marthe et Marie : avec leur frère Lazare, elles étaient les amies de Jésus. Elles peuvent donc nous apprendre comment entrer dans la « *conversation spirituelle* », dans l'« *attitude d'amour* » dont nous parle le pape.

Avec Marthe et Marie nous allons voir **une** façon de prier. Les deux sœurs avaient la chance de voir Jésus. Pour nous, c'est moins simple. Quand nous prions dans notre chambre, nous ne voyons pas le Seigneur, et quand nous l'adorons dans l'Eucharistie, nous n'avons que l'humble signe de l'hostie devant les yeux. Et pourtant, Jésus est aussi proche de nous qu'Il l'était de Marthe et Marie.

MARTHE ET MARIE

Lisons d'abord le récit de la rencontre de Jésus avec Marthe et Marie telle que nous la rapporte l'évangéliste saint Luc :

« *Comme ils faisaient route, il entra dans un village, et une femme, nommée Marthe, le reçut dans sa maison. Celle-ci avait une sœur appelée Marie, qui, s'étant assise aux pieds du Seigneur, écoutait sa parole. Marthe, elle, était absorbée par les multiples soins du service. Elle vint vers Jésus et elle dit : "Seigneur, cela ne te fait rien que ma sœur me laisse servir toute seule ? Dis-lui donc de m'aider." Mais le Seigneur lui répondit : "Marthe, Marthe, tu te soucies et t'agites pour beaucoup de*

2. Extrait du *Testament spirituel* de Mère Teresa, cité dans *Il est vivant*, numéro spécial « Mère Teresa », p. 26.

choses ; pourtant une seule chose est nécessaire. C'est Marie qui a choisi la meilleure part ; elle ne lui sera pas enlevée" » (Lc 10, 38-42.)

La prière chrétienne est une rencontre, un « *commerce intime d'amitié où l'on s'entretient seul à seul avec ce Dieu dont on se sait aimé*[3] » comme le dit Thérèse d'Avila Elle n'est donc pas d'abord le fruit d'une méthode, d'une technique, mais un don à accueillir, une personne – Dieu lui-même – à accueillir.

1. PRENDRE LA DÉCISION DE PRIER

Le mouvement intérieur le plus profond de Marthe n'est autre que l'ouverture, l'accueil : « *Marthe le reçut dans sa maison.* » Elle est la maîtresse de maison, attentive à l'hôte qu'est Jésus.

Elle vit pour elle-même ce passage de l'Apocalypse : « *Voici, je me tiens à la porte et je frappe ; si quelqu'un entend ma voix et ouvre la porte, j'entrerai chez lui pour souper, moi près de lui et lui près de moi* » (Ap 3, 20). Jésus a frappé, Marthe a ouvert la porte et elle l'a reçu dans sa maison.

Si nous voulons prier, la première chose à faire est de **décider de prendre du temps** pour cela. Prier ne se fera pas par hasard. Le début de la prière, c'est la prise de décision de prier : « Maintenant, je décide de prier ! » Ce faisant, nous ouvrons la porte de notre cœur à Jésus qui frappe. Sainte Thérèse d'Avila, cette grande maîtresse de la prière, disait à ses sœurs que, quand on veut prier, le plus important au début, c'est une « *détermination bien déterminée* » de prier !

3. CEC 2709.

En me décidant pour la prière, je pense souvent faire le premier pas. Pourtant, nul ne peut prier sans que la grâce ne l'ait prévenu, préparé, attiré. Jésus frappe à la porte de mon cœur. Nul danger de trouver le pallier vide !

2. LE LIEU DE LA PRIÈRE

Marthe reçoit Jésus dans sa maison.

Jésus est partout où nous nous trouvons. Il nous le dit dans Saint Mathieu : « *Quand tu pries, retire-toi dans ta chambre, ferme la porte et prie ton Père qui est là dans le secret* » (Mt 6, 6). En définitive le lieu de la rencontre est mon cœur, ce lieu tout intérieur où s'unifie mon être et d'où part mon aptitude à la relation. Mais pour le trouver partout, il faut d'abord le trouver quelque part !

Chacun de nous a à inventer, trouver un **lieu privilégié de rencontre avec Jésus**. Cela peut être dans une église près de chez nous : Jésus est toujours présent au tabernacle. Mais si nous ne pouvons pas venir à l'église, Jésus est aussi chez nous. Nous pouvons, dans un endroit un peu calme de notre maison, arranger un coin de prière tout simple avec une icône, une croix, une belle image, une bougie, quelques fleurs..., quelque chose de simple qui nous aidera à nous mettre en présence de Jésus. Sainte Thérèse d'Avila elle-même faisait cette confidence : « *J'étais si peu habile à me représenter les choses à l'aide de l'entendement que si je ne voyais rien, mon imagination ne m'était d'aucune utilité ... C'est pourquoi j'aimais tant les images*[4]. »

---

4. *Autobiographie,* dans *Œuvres complètes,* Desclée De Brouwer, p. 62.

3. ÉPANCHER NOTRE CŒUR

Progressons dans le récit de Luc : « *Marthe était absorbée par les multiples soins du service* » (Lc 10, 40).

Elle n'était pas seulement distraite par son travail. Elle était « *absorbée* ». Jésus est entré, mais Marthe s'éloigne pour préparer son repas. Heureusement Marie est là et s'occupe de Jésus ! Que diriez-vous si la maîtresse de maison vous laissait seul au salon, alors que vous venez à peine d'arriver ? Pourtant c'est ce que Marthe fait.

Parfois notre attitude à l'égard de Jésus dans la prière ressemble à celle de Marthe. Nous commençons à prier, nous nous asseyons ou nous nous mettons à genoux, et puis nous nous évadons dans mille pensées – où il n'est plus question de Jésus... Nous sommes là l'un devant l'autre, mais en réalité nous nous comportons comme si nous étions seuls avec nos pensées. Nous sommes alors comme Marthe, pleins de bonne volonté pour accueillir Jésus, mais en réalité absents car absorbés par nos pensées. Marthe est une femme généreuse qui veut vraiment s'occuper de Jésus. Mais elle se laisse « *absorber* » par son travail, elle n'a plus la capacité de se consacrer à Jésus, de vivre une vraie rencontre avec Lui.

Peut-être Marthe, ne souhaite-t-elle pas rester assise aux pieds de Jésus, préfère-t-elle travailler à la cuisine, tout simplement parce qu'elle a un autre tempérament que Marie. Mais voilà qu'elle se découvre « hors d'elle-même ». Qu'est-ce qu'elle ressent ? Apparemment ni Jésus, ni Marie, ni même Lazare probablement quelque part avec les disciples, personne ne se rend compte qu'elle est totalement débordée par la situation, qu'elle n'arrive pas à tout faire pour tant de personnes (car Jésus se déplaçait avec ses disciples !). Elle se sent complètement seule... Dans le récit évangélique, personne ne se rend compte que Marthe travaille sans arrêt et qu'elle n'en peut plus !

Marthe ne prend pas le temps de se demander si tout ce qu'elle fait est vraiment nécessaire, prioritaire, indispensable, si ce qu'elle fait doit être aussi parfait. Indépendamment de ce qui l'y a conduite, Marthe est débordée par la situation.

Ne connaissons-nous pas parfois cette situation ? Nous ne savons plus où donner de la tête : avec les enfants, les études, le travail... Nous avons tous déjà fait cette expérience. Quand nous nous laissons entièrement absorber par notre travail, nos loisirs, nos engagements, nous sommes comme « hors de nous ». En quelque sorte, nous ne sommes pas « chez nous, en nous ». Et quand nous sommes ainsi absorbés par des choses extérieures, très vite ce sont les sentiments qui prennent le dessus. Nous nous laissons emporter par les passions : agressivité, colère, découragement, impatience...

Or dans cette situation, Marthe a la bonne réaction : « *Elle vient vers Jésus.* » Elle ne reste pas à bouder dans la cuisine et à se dire : « Cette Marie, elle exagère, elle reste avec Jésus à ne rien faire, et moi je fais tout le travail ! » Non, Marthe agit. Elle fait un pas, elle vient vers Jésus. Et elle le fait avec foi, car elle l'appelle « *Seigneur* ». C'est exactement ce qu'il faut faire ! Certes, lorsque Jésus est entré chez elle, elle l'a assez vite abandonné plus ou moins à lui-même, mais maintenant elle revient vers Lui.

Nous pouvons faire de même dans notre prière lorsque nous nous découvrons absorbés par nos pensées loin du Seigneur. Nous avons commencé à prier, et tout à coup nous nous réveillons à la « cuisine » de nos pensées, loin de Jésus : pendant quelques instants nous ne pensions plus à lui ! À ce moment-là ne faisons pas comme si ces pensées n'avaient pas été là. Au contraire, nous allons les recueillir et les présenter à Jésus : le collègue difficile à supporter au travail, l'enfant malade, le souci matériel, etc. Et nous allons parler directement à

Jésus. Si nous nous contentons de penser à nos soucis pendant la prière, nous restons seuls avec eux. Ce qui nous aidera, c'est d'entrer dans un dialogue avec Jésus, de nous entretenir avec lui, de lui causer de personne à personne, de nous confier à lui comme notre Seigneur.

« *Elle vint vers Jésus* » : voilà le premier pas. « *Et elle lui dit* » : second pas, elle parle à Jésus !

La clé de la prière se trouve là : on peut être assis devant Jésus et être très loin de Lui en pensée, ou bien on peut être devant Lui et lui apporter tout ce qui occupe notre esprit... Quand Marthe commence à parler à Jésus, elle lui fait des reproches : « *Seigneur, cela ne te fait rien que ma sœur me laisse servir toute seule* ? » Certes, ce sont des reproches ; mais Jésus préfère qu'elle lui fasse des reproches plutôt que de rester silencieuse, dans la cuisine, à bouder. Quand nous prions, parlons à Jésus tels que nous sommes, avec ce que nous avons sur le cœur, sans chercher à jouer un rôle.

Marthe se plaint à Jésus : « *Seigneur, cela ne te fait rien que ma sœur me laisse servir toute seule ?* »

Il y a ici deux expressions très importantes : « laisser servir », « toute seule ». Or il n'est pas vrai qu'elle doive faire tout le service : Marie, à sa façon, est aussi une bonne hôtesse, elle s'occupe de Jésus... « Toute seule » : voilà la clé de la souffrance de Marthe. Elle se sent abandonnée, toute seule. N'est-ce aussi parfois ce que nous ressentons lorsque nous nous trouvons face à tout notre travail, nos soucis, nos problèmes ? N'y a-t-il pas pour nous aussi des situations où nous sommes débordés, jusqu'à nous sentir seuls ?... Marthe a prononcé ce mot : « seule ». Elle n'avait probablement pas réalisé que sa vraie détresse était là : au fond, elle était triste de se sentir seule... Parfois quand nous explosons hors de nous-mêmes, nous disons dans la prière des vérités profondes que nous n'avions pas réalisées auparavant. C'est cela que Jésus attend de nous : que nous lui découvrions notre cœur. Il n'attend pas de nous une belle prière, « léchée », fignolée, où nous ferions comme si tout allait bien...

Marthe exprime sa détresse. Elle est plutôt du type actif. Quand on est toujours en train de travailler, on laisse rarement remonter ce qui nous travaille au plus intérieur, notre désir profond. Or le désir le plus profond de Marthe, c'est que quelqu'un l'écoute, que quelqu'un la prenne en considération en tant que personne, dans la situation actuelle qui est la sienne...

Des similitudes avec nos propres existences ne sont pas difficiles à trouver :

- par exemple, le père ou la mère de famille qui travaille à l'extérieur et qui toute la journée doit satisfaire aux exigences de son patron, de ses clients, de ses collaborateurs et qui le soir, rentré à la maison, doit satisfaire celles du conjoint et des enfants ;
- la maman, confrontée toute la journée aux cris et aux problèmes des enfants, quand son mari arrive le soir fatigué, avec un désir légitime d'avoir un peu de calme ;
- la maman seule qui doit s'occuper de son travail et de ses enfants ;
- le vieux monsieur qui vit solitaire et qui ne sait plus comment régler tous ses problèmes ;
- l'étudiant qui doit toujours écouter les autres qui ne parlent que d'eux...

Qui les écoutera ? Où est l'oreille qui sera attentive à leur attente ?

Tous, nous connaissons la situation de Marthe..., mais Marthe vient vers Jésus, elle épanche son cœur auprès de Jésus, elle lui confie son problème.

Commentant le début du grand commandement « *Écoute, Israël !* », un prêtre rappelait un jour sous forme plaisante que nous n'avons qu'une bouche pour deux oreilles : une bonne raison pour écouter deux fois plus que nous ne parlons. Et pour écouter, il faut se taire... Cependant pour écouter vraiment, il convient qu'auparavant nous ayons déposé notre fardeau, notre souci aux pieds de Jésus, afin de réduire le bruit intérieur. Le Psaume 62 [61] y invite : « *Confiez-vous à lui, peuple de Dieu, en tout temps, devant lui épanchez votre cœur, Dieu nous est un abri !* » (Ps 62, 9.)

Il s'agit vraiment d'épancher notre cœur devant Dieu, de lui dire ce que nous vivons, nos souffrances, mais aussi nos joies, ce que nous sentons, ce que nous attendons de lui. Ce n'est qu'alors que notre cœur pourra se pacifier, comme le dit le même psaume : « *En Dieu seul, le repos pour mon âme* » (Ps 62 [61], 1). Certains penseront : « À quoi bon le lui dire, puisqu'il sait déjà tout ? » Et c'est vrai : nous ne lui apprenons rien, car Il est le Seigneur. Mais lui dire tout ce que nous portons en nous de joies, de peines, de peurs, de colères, de désirs, cela ouvre davantage notre cœur à ce qu'Il veut faire en nous.

Comment Jésus procède-t-il pour pacifier notre cœur, pour lui donner le repos ?

Voyons comment il s'y prend avec Marthe.

4. LAISSER PACIFIER NOTRE CŒUR

Maintenant Jésus peut agir. « *Le Seigneur lui répondit.* » D'abord, il lui parle ; il s'adresse à Marthe comme Il veut s'adresser à chacun de nous dans la prière. Jésus prononce son nom deux fois : « *Marthe, Marthe.* » Pour Marthe il n'y a rien de plus important à dire : Il l'appelle par son nom ! Essayons de nous mettre à la place de Marthe : nous venons de la cuisine avec des joues toutes rouges, les cheveux un peu en bataille, et nous nous plaignons à Jésus ; et lui, tout calmement, avec amour, prononce deux fois notre nom, il nous prend par la main, il nous attire vers lui pour que nous nous asseyions à ses pieds.

Essayons de nous imaginer : Jésus le fait avec nous. C'est le moment où nous allons nous taire, où nous allons simplement écouter ce qu'il a à nous dire. Au moment où Jésus prononce son nom, Marthe n'est plus seulement celle qui travaille à la cuisine, mais elle est Marthe, une personne à part entière, l'amie de Jésus. C'est peut-être la première fois au cours de cette journée que Marthe s'est perçue en tant que personne, et cela est rendu possible par le fait que Jésus l'a considérée comme une personne. Nous le savons bien : lorsque quelqu'un prononce notre prénom avec amour, cela nous touche plus intimement que beaucoup de paroles. Ainsi lorsque Jésus prononce notre nom, notre cœur s'en trouve transformé ; voilà ce qu'a vécu Marthe.

Mais pour entendre notre nom prononcé de cette façon par Jésus, il a fallu auparavant épancher notre cœur auprès de lui. Nous nous savons maintenant connus, reconnus de Jésus. Il peut ensuite éclairer les obscurités de notre cœur, y porter sa lumière. « *Marthe, Marthe, tu te soucies et t'agites pour beaucoup de choses...* » Pourtant, Marthe n'a pas parlé de ses soucis, elle a seulement dit ce qui la mettait en colère. Mais Jésus sait quels sont ses soucis. Il la connaît...

À nous aussi, Jésus le dit : « Jean, Christine, Laurent..., tu te soucies et t'agites beaucoup... ! » Jésus nous le dit parce que c'est la vérité. Il sait tout de nous, mais il veut que nous osions mettre à sa lumière nos soucis, non pas pour Lui, mais pour nous. Reconnu par mon nom, je peux lui faire confiance : son regard, sa parole sont vérité mais aussi douceur… Ils ne m'enferment pas, ils peuvent me révéler un chemin de vie.

Et Jésus ajoute : « *Une seule chose est nécessaire. Marie a choisi la meilleure part, elle ne lui sera pas enlevée* » (Lc 10, 42). Jésus ne nie pas, ne relativise pas les soucis, les efforts de Marthe, mais il veut la faire avancer un peu plus loin. « Oui, Marthe, la situation est bien comme tu me la décris, MAIS… *une seule chose est nécessaire.* »

Quelle est cette meilleure part, quelle est cette seule chose nécessaire ? Marie, l'autre sœur, nous l'apprend. La meilleure part, c'est d'être assis aux pieds de Jésus et d'écouter ses paroles.

5. ÉCOUTER JÉSUS

La première partie de la prière nous a permis d'épancher notre cœur, de nous laisser pacifier le cœur en entendant notre nom prononcé de la bouche de Jésus.

Maintenant, nous entrons dans le silence de la présence. Notre cœur est prêt à laisser Jésus y venir habiter. Rappelez-vous la prière de la bienheureuse Élisabeth de la Trinité : « *Ô mon Dieu, Trinité que j'adore … Que jamais je ne vous laisse seul [dans mon âme], mais que je sois là, tout entière, tout éveillée en ma foi, tout adorante,* ***toute livrée à votre action créatrice***[5]. »

Pendant ce temps de silence, nous n'avons rien à faire, rien à dire. Comme Élisabeth le dit, abandonnons-nous tout simplement à l'action créatrice de Dieu. Nous sommes en paix et Dieu agit en nous : il crée, recrée au plus intime de nous. Même si nous ne sentons absolument rien. Et la plupart du temps, nous ne sentirons rien !

5. Cité dans CEC 260.

Si nous avons du mal à prier, nous pouvons peut-être nous répéter ces paroles : « En ce moment, indépendamment de ce que je ressens ou non, Dieu, tu agis en moi. Je garde ce silence, je te laisse agir, présence créatrice. En ce moment même, Jésus, tu me reconstruis, tu fortifies mon esprit, tu guéris ce qui est blessé, même si je ne remarque rien. Jésus, je crois en toi, j'ai confiance en toi. »

Si nos pensées recommencent à s'égarer, nous les ramenons en douceur vers Jésus, peut-être par une courte phrase que nous répétons : « Jésus, tu es vraiment présent. » Multiplier les paroles serait très dommageable : la courte invocation reprise de temps à autre ne cherche nullement à remplir le silence, elle vient seulement raviver notre désir, vivifier le cœur à cœur. C'est peut-être plus facile lors d'une adoration eucharistique qu'à la maison : « Jésus, tu es vraiment présent dans l'Eucharistie. Je t'aime, ô Jésus ! » En plus de ces courtes invocations, le simple regard sur l'hostie dont la nudité ne peut me fournir de distraction m'aide à garder l'unité intérieure. Dans nos cadres de vie habituels, il vaudra souvent mieux rester les yeux clos, tant d'objets (et de bruits) autour de nous pouvant nous ramener à nos soucis…

Lors de notre première rencontre, nous avons vu l'importance du début de notre prière, de la mise en présence de Dieu. Mais l'expérience montre combien la fécondité de notre prière tient aussi à sa conclusion. Souvent, c'est tout à la fin du temps que nous avions réservé à la prière que Dieu parle : soit il nous fait comprendre quelque chose de lui-même, de nous, d'un frère…, soit il nous remplit de force ou de joie. Alors, même si nous nous ennuyons parfois un peu (ou même beaucoup !) dans notre temps de prière, restons éveillés en présence du Seigneur jusqu'au bout. Soyons fidèles au temps que nous nous sommes fixé avant la prière, afin de ne pas manquer ce que le Seigneur veut peut-être encore nous dire dans ces dernières minutes.

6. CONCLURE LA PRIÈRE EN DOUCEUR

Après ce temps en silence, n'interrompons pas brusquement notre prière, mais doucement concluons-la avec Jésus. Puis essayons, pendant le temps qui suivra immédiatement, de rester dans le calme, le recueillement, de faire les choses avec douceur. Cela nous aidera à emmener Jésus avec nous dans notre vie quotidienne.

Car nous pouvons bien imaginer que Marthe est retournée à son travail : il fallait bien que quelqu'un finisse de préparer le repas ! Mais elle n'était plus la même. Elle avait l'amour de Jésus dans son cœur. Il l'accompagnait en pensée à la cuisine. Nous aussi, nous ne pouvons pas prier en silence toute la journée. Mais si nous passons régulièrement du temps avec Jésus, en tête à tête, alors nous l'emmènerons avec nous dans notre cœur dans tout ce que nous ferons. La parole de Jésus : « *Une seule chose est nécessaire... c'est la meilleure part* », nous encourage : osons nous accorder à nous-mêmes ce temps où nous cessons toutes nos activités pour le passer gratuitement avec Lui. Jésus nous demande d'être à la fois Marthe et Marie.

À la fin de la prière, nous pouvons aussi prendre une petite décision concrète pour mettre en pratique ce que nous aurons compris dans la prière.

Comme dans toute école, l'enseignement appelle les exercices. Aussi essayons de prendre tous les jours un peu de temps avec Jésus, chez nous ou dans une église. Nous n'avons rien à perdre ! On peut commencer par cinq minutes, puis dix, puis un quart d'heure. Ce petit quart d'heure peut transformer notre vie.

Ce même Jésus que Marthe et Marie pouvaient voir de leurs yeux, et qui se donne à nous dans la communion sous les humbles apparences du pain et du vin consacrés, demeure réellement présent dans chaque tabernacle. Allons l'y rejoindre et, comme Marthe et Marie, nous pourrons déverser notre cœur auprès de lui, puis faire silence et le laisser agir en nous.

III

La prière de demande

INTRODUCTION

Nous avons commencé par contempler la présence réelle de Jésus dans l'Eucharistie. Puis Marthe et Marie nous ont appris, comment nous adresser à Jésus, comment épancher notre cœur auprès de lui, et nous recueillir en silence en sa présence.

Maintenant, arrêtons-nous sur cette forme de prière qui naît spontanément du cœur de l'homme depuis les origines de l'humanité, **la prière de demande.**

L'homme a été créé par Dieu, et il est orienté vers Dieu, même s'il n'en est pas toujours conscient. Il y a, de par l'acte créateur de Dieu, une prédisposition ancrée en nous à vénérer, à adorer cet Être supérieur dont nous provenons. C'est dans la nature de l'homme de s'adresser à la puissance divine, de lui demander son aide quand il est dans la détresse, de se confier à la providence divine... Même des hommes qui se disent non-croyants l'expérimenteront souvent en cas d'épreuve, par exemple à l'occasion de la maladie grave d'un enfant. Ainsi, la prière de demande est innée à l'homme. En même temps, celui qui ignore que dans le Christ, il devient fils bien-aimé du Père, se demande toujours : « Un Dieu si grand peut-il s'intéresser à mes problèmes ? Ne sont-ils pas pour lui quantité négligeable ? »

Jésus lui-même nous a encouragés à la déployer quand il nous a appris le « Notre Père ». La prière du chrétien, c'est la prière qui se joint à celle de Jésus pour s'adresser au Père et pour lui demander : « *Père, que ton règne vienne, que ta volonté soit faite !* » mais aussi « *Donne-nous notre pain de ce jour..., délivre-nous du mal !* » Et lors de son discours d'adieu à ses disciples, Jésus a encore insisté : « *En vérité je vous le dis, ce que vous demanderez au Père, il vous le donnera en mon nom ... Demandez et vous recevrez, pour que votre joie soit complète* » (Jn 16, 23-24).

L'expérience des saints nous en livre un bon exemple. Ainsi sainte Thérèse de l'Enfant-Jésus définit la prière : « *Qu'elle est donc grande la puissance de la prière ! On dirait une reine ayant à chaque instant libre accès auprès du roi et pouvant obtenir* ***tout ce qu'elle demande***[1]. »

Maintenant donc, nous allons nous intéresser plus particulièrement à la prière de demande à l'aide de l'expérience de l'aveugle Bartimée.

BARTIMÉE

L'évangéliste saint Marc nous décrit la rencontre de Jésus et de l'aveugle Bartimée de la façon suivante :

« *Ils arrivent à Jéricho. Et, comme il sortait de Jéricho avec ses disciples et une foule considérable, le fils de Timée (Bartimée), un mendiant aveugle, était assis au bord du chemin. Quand il apprit que c'était Jésus le Nazaréen, il se mit à crier : "Fils de David, Jésus, aie pitié de moi !" Et beaucoup le rabrouaient pour lui imposer silence, mais lui criait de plus belle : "Fils de David, aie pitié de moi !" Jésus s'arrêta et dit : "Appelez-le." On appelle l'aveugle en lui disant : "Aie confiance ! Lève-toi,*

1. *Manuscrit C*, 35 r°.

il t'appelle." Et lui, rejetant son manteau, bondit et vint à Jésus. Alors Jésus lui adressa la parole : "Que veux-tu que je fasse pour toi ?" L'aveugle lui répondit : "Rabbouni, que je recouvre la vue !" Jésus lui dit : "Va, ta foi t'a sauvé." Et aussitôt il recouvra la vue et il cheminait à sa suite » (Mc 10, 46-52).

1. APPELER JÉSUS

Jésus sort de Jéricho. Même s'il n'est resté que peu de temps, semble-t-il, dans la ville, sa réputation s'est sûrement très vite répandue.

Un mendiant aveugle est assis au bord du chemin. Il ne peut pas voir, mais il n'en entend que mieux. Les histoires que les gens racontent sur Jésus dans Jéricho sont arrivées à ses oreilles... Et maintenant il entend une foule qui approche et apprend que Jésus est parmi elle. Il ne peut pas voir, et malgré tout, il commence à crier avec pleine confiance, « *dès qu'il apprend que c'est Jésus* ». Il n'a pas pris le temps de réfléchir. Il s'est mis tout de suite à crier.

Nous pouvons faire de même. Nous ne voyons pas Jésus non plus, mais Bartimée nous montre comme c'est simple ! On entend que Jésus est là, on l'appelle... tout de suite.

2. RECONNAÎTRE LA PUISSANCE DE JÉSUS

Que crie Bartimée ? Il crie fort : « *Jésus, fils de David, aie pitié de moi !* »

Tout aveugle qu'il soit, Bartimée n'est finalement peut-être pas aussi « aveugle » que tous ceux qui peuvent voir Jésus ! Certes, il ne le connaît pas *de visu*, mais son cœur lui dit que Jésus est quelqu'un d'exceptionnel.

Déjà par son nom : « *Jésus* ». Tout juif en sait le sens : « *Dieu sauve.* » Bartimée s'adresse à lui personnellement.

De plus, il lui donne le titre de « *Fils de David* », c'est-à-dire de « messie », celui qui, issu de la descendance du roi David, doit accomplir l'attente du peuple d'Israël.

C'est un acte de foi de la part de Bartimée. Il s'adresse à quelqu'un qu'il ne connaît pas personnellement, mais dont il croit de tout son cœur qu'il peut l'aider. Avec toute la foi qui peut l'habiter, il crie : « *Aie pitié de moi !* »

Quand on demande à quelqu'un d'avoir pitié, d'être miséricordieux, on lui demande d'ouvrir son cœur à notre misère. Bartimée en appelle donc au cœur de Jésus, à sa miséricorde.

3. NE PAS SE DÉCOURAGER

Que se passe-t-il maintenant ? « *Beaucoup le rabrouaient pour lui imposer silence.* » Nous connaissons parfois cette situation.

- Nous prions Dieu ou bien nous racontons à d'autres que nous prions à telle ou telle intention, et les gens nous disent : « Tu es complètement stupide : ta prière, tu peux l'oublier. Il n'y a pas de bon Dieu qui puisse t'aider ! »
- Ou bien ce sont ces petites voix en nous qui murmurent : « Tais-toi, cela ne sert à rien, tu déranges Dieu. Il a autre chose à faire, regarde l'état du monde ! Tu crois qu'il s'intéresse à tes besoins, le bon Dieu ? »

Oui, il y a beaucoup de voix qui essaient de nous faire taire.

Mais Bartimée ne se laisse pas arrêter ! « *Lui criait de plus belle !* » Non seulement il crie, mais il crie « *de plus belle* » ! Rien ne l'arrête. Il est porté par son espérance, par sa foi en Jésus. Et c'est avec cette foi, avec cette espérance qu'il répète sa demande : « *Fils de David, aie pitié de moi !* »

Et que se passe-t-il ? « *Jésus s'arrêta.* »

Malgré le bruit de la foule qui l'entoure, Jésus a entendu le cri de Bartimée. Il a une bonne oreille, mais pourtant il était nécessaire que Bartimée crie aussi fort et aussi longtemps.

Nous aussi, il nous faut crier de toutes nos forces vers Dieu, sans nous décourager.

4. ENTENDRE L'APPEL DE JÉSUS

« *Jésus s'arrêta et dit : "Appelez-le !"* »

Jésus veut être proche de Bartimée. Mais au lieu de s'approcher lui-même (ce qui nous paraîtrait le plus simple), il veut que Bartimée vienne près de lui. Il le fait appeler… Comme si le contact ne pouvait être aussi personnel sans les cris de Bartimée et sans cette démarche de venir lui-même jusqu'à Jésus.

Et ces mêmes personnes qui auparavant avaient rabroué Bartimée viennent le chercher. « *Ils appellent l'aveugle en lui disant : "Aie confiance ! Lève-toi, il t'appelle !"* »

Bartimée a fait montre de beaucoup de courage et de confiance en criant si fort alors qu'ils essayaient de le faire taire. Voilà qu'ils lui demandent maintenant de redoubler de confiance. Ils lui disent aussi : « *Lève-toi !* » Cela nous montre que Bartimée était encore assis. Il a crié très fort, mais il était resté assis.

Parfois nous vivons la même attitude d'immobilisme, quand dans la prière nous demandons quelque chose qui nous tient absolument à cœur : nous prions, mais nous sommes comme paralysés. Nous attendons tout de Dieu, mais nous oublions ce que, dans telle ou telle situation, nous pourrions faire nous-mêmes... Ou bien nous voudrions absolument que Jésus nous accorde telle chose, notre cœur brûle du désir de la recevoir, mais en même temps une partie de nous est découragée. Il y a dans notre cœur la peur que Dieu ne veuille pas nous exaucer, ou bien qu'il ne nous entende même pas. Peut-être y a-t-il aussi la peur de ce qui va se passer s'il nous exauce ?

5. SE LEVER AVEC ESPÉRANCE

La force de Bartimée est dans sa conscience de s'adresser à Jésus, le Fils de David, qui a le pouvoir de l'aider. De même pour nous, dans la prière notre foi se trouve mise au défi : **prendre d'abord conscience de la personne à qui nous nous adressons !**

Le second pas pour notre foi, c'est de **sortir de nous-mêmes pour aller vers lui.**

Formulée de façon assez générale, la prière est d'abord un simple appel à l'aide : « Aie pitié de moi ! » Mais Jésus demande d'aller plus loin. Il nous dit : « Aie confiance, lève-toi, viens vers moi, je t'appelle. »

De simple appel vers le ciel, la prière va pouvoir devenir un véritable entretien, une véritable rencontre entre Dieu et nous.

Que fait Bartimée ? « *Lui, rejetant son manteau, bondit et vint vers Jésus.* » Le fait d'entendre que Jésus l'appelle donne à l'aveugle le courage de se lever, cela lui donne la force d'agir. Mais plus encore, cela lui redonne l'espérance que Jésus va faire quelque chose pour lui.

Le pas suivant est en effet **l'espérance.**

Souvent nous croyons certes que Jésus **peut** nous aider, mais nous avons du mal à croire qu'il **va** nous aider. Quand nous crions vers Dieu, nous le faisons parfois dans les larmes, parce que notre situation présente nous fait mal ; nos larmes expriment notre détresse, mais aussi nous referment sur notre détresse.

Bartimée, lui, bondit et court vers Jésus, empli de confiance et d'espérance. N'oublions pas qu'il est aveugle. Pourtant il bondit et court vers Jésus. Un petit détail nous montre sa confiance : « *Il rejeta son manteau.* » Il est un pauvre mendiant, et son manteau est tout ce qu'il a, sa protection contre le froid, la pluie, le regard des autres. C'est le seul bien qui lui donne le sentiment d'une certaine sécurité. Or, il rejette son manteau.

Quand nous courrons vers Dieu, nous acceptons de renoncer à certaines sécurités. Nous ne nous appuyons plus seulement sur ce que nous sommes, sur ce que nous possédons, sur ce que nous avons appris, mais nous prenons la décision de nous en remettre à l'aide de Dieu. Nous prenons la décision de faire confiance. C'est ainsi que si nous prions en ayant **foi** que Jésus **peut** nous aider **ET** en **espérant** qu'il **va** nous aider, nous nous ouvrons à lui. Attendant de Lui la Vie, nous sortons d'une situation d'enfermement, de survie par nous-mêmes, comme Bartimée mendiant, engoncé, protégé sous son manteau.

Pour cela, redisons souvent à Jésus : « *Jésus, j'ai confiance en toi !* »

6. PARLER AVEC JÉSUS

Jésus invite Bartimée à **formuler sa demande.** « *Alors Jésus lui adressa la parole : "Que veux-tu que je fasse pour toi ?"* » N'est-ce pas une drôle de question de la part de Jésus ? Pourquoi demande-t-il à Bartimée ce qu'il veut ? Cela paraît évident ? Qu'est-ce qu'un aveugle peut désirer, sinon voir !

Mais justement cette question attire notre attention sur deux points :

1. Parfois, quand nous prions, nous en restons au souhait vague, et non pas à une vraie demande qui est ouverture à l'autre. C'est comme si nous disions : « J'espère qu'il va faire beau ! » ou bien « J'espère que je vais réussir mes examens ! » Parfois même quand nous disons : « Dieu, fais que je guérisse ! » nous ne nous ouvrons pas à un dialogue, une rencontre avec Dieu : il n'y a pas vraiment prière... Faisons comme Bartimée, adressons-nous **vraiment** à Dieu, à Jésus. Entrons avec confiance dans un véritable dialogue de personne à personne : Dieu nous attend.

2. Par sa question, Jésus nous incite à nous demander ce que nous voulons **vraiment.** Car demander, c'est aussi s'engager à recevoir comme Jésus veut et va donner... Si nous essayons de formuler clairement notre demande, nous serons parfois étonnés de voir ce qu'en fin de compte elle implique, et donc obligés de nous poser la question : est-ce que je le veux vraiment ?

Par exemple je prie Dieu en me plaignant de ma collègue : le plus simple c'est qu'il s'arrange pour qu'elle disparaisse de mon horizon. Mais finalement, mon désir profond est de bien m'entendre avec elle. Si je réfléchis alors à la question de Jésus : « *Que veux-tu que je fasse pour toi ?* » peut-être ma prière sera-t-elle alors : « Seigneur, donne-moi la force de travailler avec cette collègue, montre-moi quels moyens je peux prendre pour rétablir la paix entre nous. Ouvre mes yeux pour que je voie les chemins que tu me montreras. » De la disparition de l'obstacle que présente l'autre, j'évoluerai peu à peu vers la demande de sa conversion, pour aboutir à demander ma propre conversion.

Sainte Thérèse d'Avila disait que « *Dieu aime les hommes courageux* ». Lorsque Jésus guérit des paralytiques, on le voit de manière étonnante leur demander de repartir en emportant leur brancard. Recevoir le don de Jésus ne nous dispense pas d'affronter courageusement les situations de notre vie ; au contraire, il nous invite à le faire en nous appuyant sur sa force.

7. RENDRE GLOIRE À DIEU PAR MA PRIÈRE DE DEMANDE

Quand nous demandons quelque chose à Dieu, nous montrons par là que nous avons confiance en Lui. Quand nous le prions avec confiance, nous lui rendons l'honneur qui lui est dû. Le *Catéchisme de l'Église catholique* nous dit : « *Tout besoin peut devenir objet de demande. Le Christ qui a tout assumé afin de tout racheter, est* ***glorifié par les demandes*** *que nous offrons au Père en son Nom*[2]. »

Quel est le père qui ne se réjouirait pas de voir ses enfants s'adresser à lui avec confiance ?

C'est ce qu'a fait Bartimée. Maintenant qu'il se tient juste devant Jésus, il peut exprimer son plus profond désir : « *Rabbouni, j'aimerais recouvrer la vue !* » Il appelle Jésus « *Rabbouni* ». Il ne dit pas seulement « Rabbi », ce qui veut dire maître. Il dit « Rabbouni », **mon** maître. Bartimée ne connaît pas Jésus, et pourtant il témoigne déjà d'une intimité avec lui. À partir du moment où Jésus s'est adressé à Bartimée, il n'a plus été pour lui un maître quelconque mais SON maître, celui qui l'a pris en considération en tant que personne, celui qui l'a appelé à lui, celui qui veut l'aider personnellement.

---

2. CEC 2633.

Et maintenant Bartimée ne dit pas : « Fais que je voie », car Jésus n'est pas un magicien à ses ordres. À la question de Jésus « *Que veux-tu que je fasse pour toi ?* » il répond : « *Que je recouvre la vue...* Oui, c'est cela que je veux. »

Jésus veut que nous lui parlions de la même manière : que nous lui disions avec confiance, pleins d'espérance, ce que nous aimerions vraiment de lui, ce qui fait l'objet de notre désir.

8. JÉSUS NOUS LAISSE LIBRES.

La réponse de Jésus : « *Va, ta foi t'a sauvé.* »

Jésus lui dit : « *Va !* » Il ne le lie pas à lui. Dans le monde, souvent, quand nous demandons à quelqu'un de nous aider, nous nous sentons redevables vis-à-vis de cette personne. Il y a des gens qui savent très bien faire pression sur nous pour que nous leur témoignions notre reconnaissance. Jésus, lui, n'est pas comme cela. Il nous laisse libres.

Jésus ajoute : « *Ta foi t'a sauvé.* » De la foi à la foi, tel est le chemin de Bartimée

Au début, la foi lui donne la force de crier vers Jésus, malgré tous les obstacles. Maintenant, Jésus lui en montre la force lorsqu'elle sait se déployer en cri, puis en ouverture à Dieu, en espérance, et en remise de soi confiante par la demande.

9. ET QUAND DIEU N'EXAUCE PAS NOS PRIÈRES ?

Mais que faire quand Dieu n'exauce pas nos prières ? Nous prions peut-être depuis des semaines, des mois, voire des années, et apparemment rien n'arrive. Pourquoi Dieu ne nous exauce-t-il pas ? Ne nous entend-il pas ? Le laissons-nous indifférent ? Veut-il autre chose pour nous ?... La tentation est grande d'arrêter de prier, parfois même de nous détourner de Lui, déçus, désespérés ou pleins de colère.

C'est particulièrement vrai quand nous sommes confrontés à une grande souffrance, par exemple la maladie ou la mort d'un être cher que nous avons du mal à comprendre. De même quand nous cherchons du travail depuis des années, que nous sommes confrontés à de grandes difficultés financières... sans que Dieu nous aide. Pourquoi ? Pourquoi tolère-t-il que je sois confronté à telle ou telle souffrance ?

Déjà dans l'Ancien Testament, dans le livre de Job, nous lisons que l'homme ne peut pas comprendre l'attitude de Dieu (Jb 12 et 19). Au livre de la Sagesse il est dit : « *Quel homme peut connaître le dessein de Dieu et qui peut concevoir ce que veut le Seigneur ?* » (Sg 9, 13) Ou bien dans le prophète Isaïe : « *Vos pensées ne sont pas mes pensées, et mes voies ne sont pas vos voies, oracle du Seigneur* » (Is 55, 8).

Il n'y a pas de réponse définitive à la question de l'homme face au mal : pourquoi Dieu n'exauce-t-il pas certaines prières ? La réponse qui nous est donnée, c'est Jésus sur la croix qui prend sur lui toutes nos souffrances. Jésus ne donne pas la réponse à la question du mal, il y descend pour l'habiter de sa présence d'amour. Comme le dit l'épître aux Hébreux : « ... *lui qui, aux jours de sa chair, ayant présenté, avec une violente clameur et des larmes, des implorations et des supplications à celui qui pouvait le sauver de la mort, et ayant été exaucé en raison de sa piété...* » (He 5, 7). Oui, Jésus a été exaucé, il a été sauvé de la mort, mais par la résurrection. Croyons-nous que les disciples aient compris à l'époque pourquoi Dieu laissait les hommes tuer son Fils d'aussi cruelle façon ? Ils ne pouvaient pas savoir que Dieu allait le ressusciter. Et même s'ils l'avaient su, auraient-ils pu comprendre que Jésus doive passer par cette mort horrible ?

Et nous, sommes-nous prêts à permettre à Dieu de faire ce que nous ne pouvons pas comprendre ou pas encore comprendre ? Avez-vous déjà fait l'expérience que Dieu n'ait pas exaucé l'une de vos prières mais que plus tard, parfois beaucoup plus tard, vous ayez compris quels fruits positifs en étaient résultés ? À Altötting, dans un sanctuaire marial bavarois très ancien, il y a un ex-voto sur lequel il est écrit : « Merci, mon Dieu, de ne pas avoir exaucé ma prière pendant des années » ! Saint Paul écrivait aux Romains : « *Nous savons qu'avec ceux qui l'aiment, Dieu collabore en tout pour leur bien* » (Rm 8, 28). Il a écrit cette phrase aux chrétiens de Rome après leur avoir expliqué que « *l'Esprit vient au secours de notre faiblesse ; car nous ne savons que demander pour prier comme il faut* » (Rm 8, 26).

Quand nous demandons quelque chose à Dieu dans la prière, il faut que nous croyions profondément que Dieu sait bien mieux que nous ce qui est bien pour nous et surtout qu'Il nous aime et qu'Il exaucera notre prière au mieux pour nous – même s'il ne nous accorde pas exactement ce que nous lui avions demandé.

Quand nous prions, c'est Dieu qui nous supplie de lui faire confiance, comme Bartimée lui a fait confiance. Il nous demande de croire qu'Il sait ce qui est le meilleur pour nous.

Et nous pouvons être sûrs d'une chose : la prière de demande portera TOUJOURS du fruit si nous la vivons comme une **rencontre véritable avec Jésus** et avec son Père. Quand nous voulons demander quelque chose au Seigneur, prenons toujours d'abord quelques secondes pour nous mettre en sa présence, pour réaliser que nous

nous adressons à une personne qui est vivante, qui nous aime, qui nous écoute. Et alors notre prière portera du fruit.

Ce pourrait être les mots de la fin. Mais auparavant nous devons quand même regarder ce que devient Bartimée !

10. VOIR JÉSUS

« *Et aussitôt il recouvra la vue et il cheminait à la suite de Jésus.* »

Jésus a exaucé sa prière. Aussitôt Bartimée a pu voir, il a pu voir Jésus. Jésus lui ouvre les yeux du corps pour ensuite ouvrir les yeux de son cœur.

C'est exactement la réponse à la prière du psalmiste : « *Écoute, Seigneur, mon cri d'appel, pitié, réponds-moi ! De toi mon cœur a dit : "Cherche sa face." C'est ta face, Seigneur, que je cherche, ne me cache point ta face !* » (Ps 27 [26], 7-8.)

Bartimée a crié, Dieu a eu pitié de lui et l'a exaucé. Maintenant, il peut voir la face du Seigneur, il peut voir son amour. Aussi Bartimée ne veut plus, ne peut plus vivre sans cet amour. Il est libre pour se décider à suivre Jésus.

La prière de l'homme commence spontanément par la prière de demande. Certains considèrent parfois cette forme de prière comme une prière « de bas de gamme », mais si elle est vécue comme Bartimée l'a vécue, elle nous amènera à « voir la face de Jésus », c'est-à-dire à grandir dans l'expérience de son amour. Il ne s'agit pas seulement que notre prière soit exaucée ou non, il s'agit que le désir le plus profond qui habite le cœur de l'homme soit exaucé. Et ce désir, c'est de voir Jésus, c'est de faire l'expérience de son amour.

Mère Teresa nous disait : « *Avez-vous perçu – avec les yeux de l'âme – avec quel amour il vous regarde ?* »

Déjà, Dieu avait promis par la bouche du prophète Jérémie, que l'homme pourrait le trouver s'il venait et le priait. « *Vous m'invoquerez et vous viendrez, vous me prierez et je vous écouterai. Vous me chercherez et vous me trouverez, car vous me rechercherez de tout votre cœur ; je me laisserai trouver par vous, oracle du Seigneur* » (Jr 29, 12-14).

Lorsque nous irons adorer Jésus dans le Saint-Sacrement, nous irons avec confiance vers Jésus qui veut se laisser trouver par nous si nous le cherchons de tout notre cœur.

Il sera présent devant nous dans l'Eucharistie, comme il était présent devant Bartimée. Nous allons tout d'abord nous efforcer de vraiment nous mettre en sa présence par la foi. Nous allons essayer de réaliser un peu plus que Jésus est vraiment là, bien que nos yeux ne voient que les apparences du pain. Nous pouvons supplier Jésus d'ouvrir les yeux de notre cœur, afin qu'avec notre cœur nous puissions voir que le Fils du Dieu vivant est devant nous et nous demande avec amour : « *Que veux-tu que je fasse pour toi ?* »

IV

Louange et action de grâces

INTRODUCTION

Nous avons tout particulièrement contemplé le trésor qu'est l'Eucharistie, puis avec Marthe et Marie nous avons appris à épancher notre cœur auprès de Jésus, à lui partager nos plus profonds désirs pour ensuite demeurer dans le silence en sa présence.

Ensuite c'est l'aveugle Bartimée qui nous a encouragés à crier vers Dieu avec confiance, pleins d'espérance et à rechercher une véritable rencontre avec Jésus. L'évangéliste saint Luc nous raconte exactement la même histoire, mais il la termine par les mots suivants : « *À l'instant même il recouvra la vue, et il le suivait en glorifiant Dieu. Et tout le peuple, voyant cela, célébra les louanges de Dieu.* » (Lc 18, 43).

Maintenant, nous allons voir comment entrer dans cette attitude du peuple qui louait Dieu et comment partager l'émerveillement dont nous parlait le pape au sujet de l'Eucharistie : « *L'Année de l'Eucharistie naît de l'émerveillement de l'Église face à ce grand Mystère. C'est un émerveillement qui ne cesse d'envahir mon esprit*[1]. »

1. *Mane nobiscum Domine*, 29.

1. LOUANGE ET REMERCIEMENT

1.1 Remercier Dieu

Autant la prière de demande est spontanée à l'homme, autant il lui est difficile de remercier !

Connaissez-vous l'histoire de Jésus qui guérit les dix lépreux ?

« *À son entrée dans un village, dix lépreux vinrent à sa rencontre et s'arrêtèrent à distance ; ils élevèrent la voix et dirent : "Jésus, Maître, aie pitié de nous." À cette vue, il leur dit : "Allez vous montrer aux prêtres." Et il advint, comme ils y allaient, qu'ils furent purifiés. L'un d'entre eux, revint sur ses pas en glorifiant Dieu à* ***haute voix*** *et tomba sur la face aux pieds de Jésus, en le remerciant. Et c'était un Samaritain. Prenant la parole, Jésus dit : "Est-ce que les dix n'ont pas été purifiés ? Les neuf autres, où sont-ils ?* ***Il ne s'est trouvé, pour revenir rendre gloire à Dieu, que cet étranger !*** *" Et il lui dit : "Relève-toi, va ; ta foi t'a sauvé."* » (Lc 17, 12-19.)

Nous reconnaissons des parallèles avec l'épisode de Bartimée :

- Les lépreux crient de même : « *Jésus, Maître, aie pitié de nous !* »
- Comme Bartimée ils appellent Jésus « *maître* », cela veut dire qu'ils reconnaissent que Jésus est quelqu'un de particulier.
- Et comme Bartimée ils en appellent à sa miséricorde. Ils devinent que la guérison ne leur est pas due automatiquement, mais qu'elle ne leur sera offerte que par la miséricorde de Jésus.

Sans discuter longuement avec eux, Jésus les renvoie aux prêtres – à l'époque les autorités officielles pour constater si quelqu'un est lépreux ou non. Et ce n'est que

« ***pendant qu'ils y allaient*** *qu'ils furent purifiés* ». Cela signifie donc qu'ils se sont éloignés de Jésus sans savoir si ce dernier allait les guérir ou non. Ils ont agi par obéissance et avec confiance. Et effectivement, en chemin tous les dix ont été guéris.

Mais un seul revient. Celui-ci « *glorifiait Dieu à haute voix. Il tomba sur la face aux pieds de Jésus en le remerciant* ». Essayons de nous représenter la joie débordante de cet homme. Tout lui est bon pour témoigner de sa reconnaissance. Et Jésus, qui est l'humilité en personne, accueille cette reconnaissance.

Puis Jésus prend la parole : « *Où sont les dix autres ? Il ne s'est trouvé personne pour revenir rendre gloire à Dieu ?* » Jésus n'est pas en colère contre les neuf autres, il n'exige pas son droit à la reconnaissance, ce n'est pas cela dont il s'agit ici. Jésus, qui vit constamment dans une attitude de reconnaissance et de louange vis-à-vis de son Père, est vraiment étonné qu'une personne puisse recevoir une guérison aussi miraculeuse sans venir remercier. Il ne s'agit pas de lui, il s'agit de la gloire de Dieu, de la gloire de son Père.

Quand il dit : « *Ne s'est-il donc trouvé personne pour revenir rendre gloire à Dieu ?* » sa tristesse se laisse percevoir dans ses paroles. En effet, la plus grande joie de Jésus est de glorifier son Père et de voir que nous, ses créatures, nous le glorifions. Sa joie consiste à nous voir louer, remercier le Père avec Lui, par Lui, à cause de Lui. Et il est douloureusement étonné quand nous ne le faisons pas.

1.2 Dire merci à Dieu et le louer en tant que créatures

Il nous faut le reconnaître : quand nous louons Dieu, quand nous le remercions et l'adorons, nous faisons seulement preuve de bon sens !

Dieu est le Créateur, et moi je suis sa créature. Dieu le Père déclare ainsi à sainte Catherine de Sienne : « *Sache, ma fille, que je suis Celui qui est et que tu es celle qui n'est pas*[2]. » Cette parole peut paraître choquante au premier abord, mais se révèle être la pure vérité en ce qui concerne notre existence. Contrairement à nous, Dieu existe par lui-même. Il est Dieu avant tous les siècles, Il est celui qui est. Mais moi, je reçois continuellement mon existence de la main de Dieu. Si, par impossible, Dieu arrêtait un seul instant de penser à moi, je retomberais dans le néant duquel il m'a tiré en me donnant la vie.

Dans l'encyclique sur l'Eucharistie *Ecclesia de Eucharistia* Jean-Paul II écrit : « *Le Fils de Dieu s'est fait homme pour restituer toute la création, dans un acte suprême de louange, à* ***Celui qui l'a tirée du néant***[3]. »

Il n'était pas nécessaire pour Dieu de créer le monde, de créer l'homme à partir du néant. Toute la création est un débordement de son amour. Moi aussi, je suis un débordement de son amour. Ce n'est pas par hasard que je suis en vie, c'est Dieu qui a librement décidé de me donner la vie et qui me la donne aujourd'hui encore, à l'instant même. Chacune de mes respirations me prouve l'amour de Dieu qui me donne la vie. Déjà, dans le livre de la Sagesse, le prophète en était bien conscient : « *Tu aimes tout ce qui existe, et tu n'as de dégoût pour rien de ce que tu as fait ; car si tu avais haï quelque chose, tu ne l'aurais pas formé. Et comment une chose aurait-elle subsisté, si tu ne l'avais voulue ? Ou comment ce que tu n'aurais pas appelé aurait-il été conservé ? Mais tu épargnes tout, parce que tout est à toi, Maître, ami de la vie. Car ton esprit incorruptible est en toutes choses* » (Sg 11, 24-26 ; 12, 1).

2. *Le Dialogue*, 2e réponse, chap. 2.
3. *Ecclesia de Eucharistia*, 8.

Telle est la réalité. Dans l'adoration je reconnais que Dieu m'a créé par amour en me tirant du néant et que, par amour, il me maintient en vie. Certes, je suis « un petit rien »... mais aimé. Dieu m'aime tant qu'il n'a pas hésité à donner son Fils unique, son Fils bien-aimé pour arracher ce « petit rien » que je suis, à une mort définitive, au néant, et pour lui donner une vie éternelle en sa présence. Puisque Jésus a été jusqu'à mourir pour sauver ce « petit rien » que je suis, je peux bien volontiers accepter de l'être devant lui.

Quand j'adore Dieu, j'accepte avec reconnaissance le fait que je sois une créature et je m'agenouille devant mon Créateur qui est amour. Je n'adore pas une puissance qui veut m'écraser et m'humilier. J'adore un Dieu qui est Père et qui me « *poursuit de sa miséricorde* », comme Jésus le disait à sœur Faustine.

1.3 Eucharistie et action de grâces

Toute la messe n'est qu'une immense action de grâces envers Dieu notre Père. « *Eucharistie signifie : action de grâce. En Jésus, dans son sacrifice, dans son "oui" inconditionnel à la volonté du Père, il y a le* ***oui,*** *le* ***merci*** *et l'****amen*** *de l'humanité entière*[4]. »

Les textes des préfaces et des prières eucharistiques de la messe en témoignent. En voici quelques petits extraits :

« *Tu n'as pas besoin de notre louange, et pourtant c'est toi qui nous inspires de te rendre grâce : nos chants n'ajoutent rien à ce que tu es, mais ils nous rapprochent de toi, par le Christ notre Seigneur*[5]. »

« *Vraiment, il est bon de te rendre grâce, il est juste et bon de te glorifier, Père très saint, car tu es le seul Dieu,*

4. *Mane nobiscum Domine*, 26.
5. Préface commune IV.

le Dieu vivant et vrai ... Toi le Dieu de bonté, la source de la vie, tu as fait le monde pour que toute créature soit comblée de tes bénédictions ... Unis à l'hymne d'allégresse [des anges], ***avec la création tout entière qui t'acclame par nos voix,*** *Dieu, nous te chantons*[6]*...* »

Le prêtre prononce ces paroles. Mais demandons-nous comment nous les vivons : est-ce dans une « *hymne d'allégresse* » que nous chantons pour Dieu ? Avons-nous vraiment conscience que c'est un don de la grâce de Dieu (il nous « *inspire* ») de pouvoir le remercier ?

Bien sûr nous avons tous vécu des moments où nous nous ennuyons pendant la messe, où nous sommes pris par nos soucis, où nous sommes tristes, où nous n'avons pas envie de louer « *avec allégresse* » ! Il nous faut essayer de comprendre que la louange n'est pas dépendante de nos sentiments, de nos humeurs. Je peux très bien être triste ou m'ennuyer un peu et cependant prendre la décision de louer Dieu avec toute l'Église.

Dans la louange, je décide librement de ne plus me regarder moi, mais de regarder Dieu, mon Créateur, de regarder Jésus qui a donné sa vie par amour pour moi. Je prends la décision de m'appuyer sur la louange de l'Église et de leur dire merci. Ce n'est pas très facile, mais si nous essayons, nous remarquerons bientôt que cette attitude de louange nous donne de la joie, qu'elle est une « *bénédiction* » pour nous.

Dans les préfaces et les prières eucharistiques, on trouve toutes les bonnes raisons de remercier Dieu. Il n'est pas interdit (au contraire !) de les utiliser pour nourrir notre propre prière devant Dieu :

« *Comme [l'homme] avait perdu ton amitié en se détournant de toi, tu ne l'as pas abandonné au pouvoir*

---

6. Préface de la Prière eucharistique IV.

de la mort. Dans ta miséricorde, tu es venu en aide à tous les hommes pour qu'ils te cherchent et puissent te trouver ... ***Tu as tellement aimé le monde, Père très saint, que tu nous as envoyé ton propre Fils ... pour qu'il soit notre Sauveur*** *... Il a vécu notre condition d'homme en toute chose, excepté le péché, annonçant aux pauvres la bonne nouvelle du salut; aux captifs la délivrance; aux affligés, la joie*[7]. »

1.4 L'Eucharistie : « Un coin du ciel qui s'ouvre sur la terre ! »

« *Le Fils de Dieu s'est fait homme pour restituer toute la création, dans un acte suprême de louange, à* ***Celui qui l'a tirée du néant***[8]. »

Pendant la messe, nous sommes appelés à nous unir activement à cet acte suprême de louange de Jésus. En le faisant, nous nous unissons à celle des anges et des saints qui au même instant louent Dieu. Le texte de l'encyclique sur l'Eucharistie continue : « ***L'Eucharistie est un lien entre le ciel et la terre***[9]. » Et plus loin : « ... *En célébrant le sacrifice de l'Agneau,* ***nous nous unissons à la liturgie céleste,*** *nous associant à la multitude immense qui s'écrie : "Le salut est donné par notre Dieu, lui qui siège sur le Trône, et par l'Agneau !" (Ap 7, 10). L'Eucharistie est vraiment un coin du ciel qui s'ouvre sur la terre*[10] *!* »

Avons-nous bien entendu ? « *L'Eucharistie est un coin du ciel qui s'ouvre sur la terre* » ! Avons-nous conscience, quand nous participons à la messe, que nous avons devant nous le ciel ouvert ? Le pape Jean-Paul II tenait à

7. Prière eucharistique IV.
8. *Ecclesia de Eucharistia*, 8.
9. *Ibid.*
10. *Ibid.*, 19.

nous le rappeler quand il disait que « *nous nous unissons à la liturgie céleste et que nous nous associons à la multitude des anges et des saints qui acclame l'Agneau sur le trône* ».

Le problème, c'est que là aussi, comme nous l'a déjà dit saint Cyrille de Jérusalem, « *nos sens nous disent autre chose* ». Oui, le ciel est ouvert devant nous, mais par la foi seule, nous pouvons nous ouvrir à cette réalité : « *Même si tes sens te disent autre chose, ta foi te l'affirme.* »

1.5 La louange de toute la création

Un autre aspect de la louange est que nous ne louons pas seulement pour nous mais pour toute la création à laquelle nous prêtons nos voix. Ce sont les mots de la IVe Prière eucharistique : « *La création tout entière t'acclame par nos voix.* »

De même que Jésus, dans un acte de louange, a restitué au Père tout ce que ce dernier avait créé, de même sommes-nous invités pendant la messe et l'adoration eucharistique, à présenter au Père toute la création dans une prière de louange.

- Nous louons pour tous ceux qui ne louent pas.
- Nous rendons grâces pour tous ceux qui ne remercient pas.
- Nous adorons pour tous ceux qui n'adorent pas.

Ce n'est pas parce que nous sommes meilleurs, mais parce que nous avons compris quelle reconnaissance nous devions à notre Créateur.

Saint Augustin l'exprime très bien dans une phrase dont on cite souvent seulement la deuxième partie : « *Tu nous as créés pour toi Seigneur, et notre cœur est sans repos tant qu'il ne repose en toi.* » Or la phrase complète dit : « ***Nous devons te louer d'un cœur joyeux,*** *car tu* *nous as créés pour toi, Seigneur, et notre cœur est sans repos, tant qu'il ne repose en toi*[11] *!* » Nous avons été créés par Dieu et pour Lui : cela fait notre joie.

2. COMMENT, PRATIQUEMENT, LOUER DIEU ?

2.1 Pendant la messe

Pendant la messe, notre louange consistera à chanter et à prier de tout notre cœur, de toute notre foi. Nous allons approuver dans notre cœur chaque prière dite par le prêtre, ce que nous exprimerons à la fin de la prière eucharistique par notre « Amen ».

Après avoir reçu la communion en disant un bel « Amen », nous pourrons dire notre reconnaissance au Seigneur par de courtes phrases, par exemple :

- « Mon Seigneur et mon Dieu ! »
- « Jésus, je t'adore réellement présent en moi ! »
- « Jésus, je te loue, je t'aime et je t'adore ! »
- « Père, sois loué pour ton Fils Jésus ! »

2.2 Dans notre vie de tous les jours

Cette reconnaissance, cette louange que nous vivons pendant la messe, nous la prolongeons dans notre vie de tous les jours. Là aussi, essayons de détourner notre regard de nous-mêmes pour le tourner vers Dieu : ainsi, peu à peu nous apprendrons à nous décider pour la joie et la reconnaissance dans les toutes petites choses. Il nous faut nous entraîner à reconnaître les petits et les grands miracles de nos vies et à en remercier le Seigneur.

- « Mon Dieu, je te remercie pour ce rayon de soleil ! »

---

11. Saint Augustin, *Confessions*, I, 1.

- « Merci, Seigneur, pour la pluie qui fait pousser les plantes ! »
- « Merci, Seigneur, pour le sourire de cet enfant ! pour ce repas que je mange ! pour le coup de téléphone de cet ami ! »
- « Merci, mon Dieu, pour la vie qui est la mienne, pour ma famille, mon travail, ma maison, mes vêtements, mes amis ! »

N'hésitons pas à chanter des chants qui nous aident à entrer peu à peu dans cette attitude de louange.

2.3 Prière d'action de grâces avec les Psaumes

Pour nous aider à prier dans la louange, les Psaumes se révèlent être un trésor inépuisable. Il y a des psaumes pour toutes les situations de notre vie. Parfois le psalmiste s'adresse à nous et nous exhorte à louer Dieu, à le remercier, à lui demander des grâces : « *Louez le Seigneur, car il est bon* » (Ps 135 [134], 3), ou bien « *Allons ! Bénissez le Seigneur, tous les serviteurs du Seigneur* » (Ps 134 [133], 1).

Mais très souvent aussi le psalmiste s'adresse directement à Dieu : « *Je te rends grâce, Seigneur, de tout mon cœur, je te chante en présence des anges … Le jour où j'ai crié, tu m'exauças, tu as accru la force en mon âme* » (Ps 138 [137], 1-3).

2.4 Remercier même dans les difficultés

C'est facile de dire merci quand tout va bien. Mais que se passe-t-il quand nous traversons des épreuves ? Est-il possible de louer dans la souffrance ?

Saint Paul, qui a vécu des épreuves terribles lors de ses nombreux voyages (il a été emprisonné, battu, il a fait naufrage, etc.), écrivait cependant aux Thessaloniciens :

« *Restez toujours joyeux. Priez sans cesse. En toute condition soyez dans l'action de grâces. C'est la volonté de Dieu sur vous dans le Christ Jésus* » (1 Th 5, 16-18), et aux Philippiens il ajoutait : « *Réjouissez-vous sans cesse dans le Seigneur, je le dis encore, réjouissez-vous … N'entretenez aucun souci ; mais en tout besoin recourez à l'oraison et à la prière, pénétrées d'action de grâces, pour présenter vos requêtes à Dieu. Alors la paix de Dieu, qui surpasse toute intelligence, prendra sous sa garde vos cœurs et vos pensées, dans le Christ Jésus* » (Ph 4, 4-7).

Quand nous vivons des choses très dures, nous n'allons pas jubiler, bien sûr. D'ailleurs le Seigneur ne nous le demande pas. Mais si nous avons appris dans la vie de tous les jours à remercier Dieu, à lui dire notre confiance dans les petites choses, cela nous aidera, quand les épreuves surviendront, à demeurer dans cette attitude de confiance envers Dieu. Et alors, même dans la plus grande détresse, nous pourrons « *présenter nos requêtes en tout besoin, pénétrées d'action de grâces* », c'est-à-dire en disant au Seigneur que nous lui faisons confiance.

Voici le témoignage d'une jeune femme qui venait de perdre subitement son mari mort d'un infarctus et qui la laissait avec quatre jeunes enfants. Elle disait à ses enfants : « *Dieu s'est toujours occupé de nous et il continuera à le faire.* » Cela ne l'empêchait pas d'avoir un profond chagrin, mais dans ce chagrin elle redisait sa confiance au Seigneur en l'appelant à l'aide.

Cette attitude de confiance dans le Seigneur, est profondément une attitude d'adoration et donc de louange. C'est comme si nous lui faisions un chèque en blanc en lui disant : Seigneur, je te demande de m'aider dans telle ou telle situation et je te remercie d'avance de ce que tu vas faire pour moi, car je crois que tu m'aimes et que tu sais ce qui est bien pour moi.

À Catherine de Sienne, Dieu le Père rappelait : « *Aucune créature n'est en dehors de ma providence ; c'est elle qui ordonne toute chose ... Le croyant voit et professe que c'est moi qui, par ma providence, dispose toutes choses, dans l'unique dessein de procurer le salut de l'homme. Devant tout ce qui arrive, il s'incline avec respect ... il supporte tout avec une véritable patience*[12]. » Patience, tranquillité ne veut pas dire indifférence, mais confiance. Disons au Seigneur dans notre prière, que nous voulons lui faire confiance, soyons comme des enfants qui croient que leur Père va les aider et qui le remercient d'avance de ce qu'il va faire pour eux. C'est cette confiance, cette louange, qui nous donnera « *cette paix qui vient de Dieu et qui surpasse toute intelligence* ».

Et comme dans toute prière, quand nous louons ou remercions Dieu, l'essentiel est de nous adresser à Lui dans une véritable relation de cœur à cœur.

Nous pourrons essayer de nous exercer pendant l'adoration eucharistique à cette attitude d'action de grâces et de louange. Nous allons pouvoir nous aider de petites phrases toutes simples pour entrer dans la réalité invisible de la présence du ciel au milieu de nous :

- « Le ciel est ouvert devant moi. »
- « Devant mes yeux, dans l'Eucharistie, Jésus est l'Agneau assis sur le Trône. »
- « Jésus, en cet instant, je t'adore avec ta mère Marie et avec les anges et tous les saints. »
- « Esprit Saint, ouvre les yeux de mon cœur, aide-moi à croire. »

Pendant l'adoration, ce qui peut nous aider à adorer, c'est de contempler dans notre cœur les merveilles qu'a faites le Seigneur.

12. *Le Dialogue*, 4e réponse, chap. 3, éd. Téqui, t. II, p. 159.

Lorsque nous irons adorer Jésus-hostie ou prier en silence, commençons par nous rappeler l'histoire des dix lépreux ainsi que les paroles de Jésus : « *Les neuf autres, où sont-ils ?* ***Il ne s'est trouvé personne pour revenir rendre gloire à Dieu ?*** » (Lc 17, 18.) Essayons d'être celui qui revient pour remercier Jésus de tout ce qu'il a fait pour nous dans son immense amour et pour rendre gloire au Père avec Lui. Alors, « *la paix qui surpasse toute intelligence* » viendra remplir notre cœur.

V

La Parole de Dieu

INTRODUCTION

Chacun des chapitres précédents a fait référence à de nombreuses paroles de la Bible. Le rituel de l'adoration eucharistique demande aussi qu'au moment de l'exposition de Jésus-hostie une parole de l'Écriture soit proclamée. En effet, nous croyons que dans la Bible le peuple d'Israël puis l'Église ont recueilli la Parole de Dieu. Qu'est-ce que cela signifie ? Quelles conséquences une telle affirmation a-t-elle pour notre écoute ? Voilà les points que nous aborderons maintenant...

Écoutons d'abord ce qu'Edith Stein, sainte Thérèse-Bénédicte de la Croix, nous dit à ce sujet : « *Le même Sauveur, que la Parole de l'Écriture nous met sous les yeux dans son humanité en nous le montrant sur tous les chemins qu'il a parcourus sur la terre, habite parmi nous caché sous l'apparence du pain eucharistique ; il vient à nous comme Pain de Vie. Dans ces deux aspects, il se fait proche de nous et sous ces deux aspects, il désire que nous le cherchions et que nous le trouvions. L'un appelle l'autre. Lorsque nous voyons avec les yeux de la foi le Sauveur devant nous, comme l'Écriture nous le dépeint, alors grandit notre désir de l'accueillir en nous dans le Pain de Vie. Le pain eucharistique à son tour avive notre désir de faire toujours plus profondément connaissance avec le Seigneur à partir de la parole de l'Écriture, et donne des forces à notre esprit pour une meilleure compréhension*[1]. »

1. DIEU PARLE.

Dès le début de la Bible, le livre de la Genèse nous présente Dieu parlant ; et sa parole est efficace ! Ainsi, lorsque Dieu crée le ciel et la terre, huit fois de suite « *Dieu dit* » et chaque fois, il fait. « *Dieu dit : "Que la lumière soit", et la lumière fut* » (Gn 1, 3). Il en fut ainsi pour toute chose jusqu'à la création de l'homme... Dès les premiers mots de la Bible, nous voyons donc que la Parole de Dieu est créatrice.

Ensuite nous pouvons voir dans tout l'Ancien Testament comment au cours des siècles, Dieu s'est révélé peu à peu au peuple d'Israël ; il l'a fait par son intervention dans l'histoire et par des prophètes parlant en son nom. Ceux-ci annonçaient déjà Celui qui serait la Révélation par excellence, Jésus, le Fils de Dieu : celui-ci est « *le Verbe qui s'est fait chair* » (Jn 1, 4), comme l'écrit saint Jean dans le prologue de son évangile. En Jésus, « la Parole se fait chair » ! Les prophètes témoignaient de la Parole, c'était déjà extraordinaire ; mais Jésus, par ce qu'il dit, par ce qu'il fait, bien mieux par ce qu'il est, EST la Parole.

Or, nous dit saint Jean, « *Dieu est amour* » ; donc la Parole qui sort de la bouche de Dieu est toujours Parole d'amour. Or le propre d'une parole d'amour, c'est qu'elle annonce le don de soi. Dire « je t'aime » n'a aucun sens si je ne cherche pas à me donner à celui que j'aime. Or la parole d'amour de Dieu est parfaite : il se donne totalement, il dit et il fait. Il ne peut y avoir plus

1. Edith Stein, *Source cachée. Œuvres spirituelles*, Éd. du Cerf - Ad Solem, p. 274.

belle parole d'amour que Jésus, puisqu'en lui Dieu nous accueille pleinement – il assume toute notre nature humaine, s'unit à chacun, et se donne pleinement : il est « Dieu-avec-nous ». Jésus demeure avec nous en son Corps qu'est l'Église : aussi, comme nous le rappelait Jean-Paul II citant les Pères du concile Vatican II, nous croyons que « ***c'est le Christ lui-même qui parle lorsque, dans l'Église, on lit les Saintes Écritures***[2]. »

Saint Paul écrit aux Thessaloniciens : « *Nous ne cessons de rendre grâce à Dieu de ce que, une fois reçue la parole de Dieu que nous vous faisions entendre, vous l'avez accueillie, non comme une parole d'homme, mais pour ce qu'elle est réellement, la parole de Dieu. Et cette parole reste active en vous, les croyants* » (1 Th 2, 13).

L'Église, qui est le Corps du Christ, puisque Jésus nous unit à lui et qu'il « *est avec nous, tous les jours, jusqu'à la fin du monde* » (Mt 28, 20), a recueilli toutes les Écritures qui nous donnent de le connaître : l'Ancien Testament qui nous rappelle comment Dieu a annoncé et préparé la venue de son Fils, et le Nouveau Testament, à savoir les Évangiles qui témoignent des gestes et des paroles de Jésus, et le témoignage des apôtres.

2. L'HOMME A FAIM DE LA PAROLE DE DIEU

Dans *Mane nobiscum Domine,* le pape Jean-Paul II, citant ces versets du prophète Amos : « *Voici venir des jours, oracle du Seigneur, où j'enverrai la faim dans le pays, non pas une faim de pain, non pas une soif d'eau, mais d'entendre la Parole de Dieu. On ira titubant d'une mer à l'autre mer ... pour chercher la Parole de Dieu, et on ne la trouvera pas* » (Am 8, 11-12), les commentait

2. *Mane nobiscum Domine,* 13 ; cf. Vatican II, *Sacrosanctum Concilium,* 7.

ainsi : « *Dieu a mis dans le cœur de l'homme la* ***faim de sa parole,*** *une faim qui sera assouvie uniquement dans l'union totale avec lui*[3]. » En effet, la Bible n'est pas seulement la Parole de Dieu que j'écoute ; elle est Jésus, le Fils de Dieu, que j'accueille en l'écoutant et en le recevant dans les sacrements.

En nous aussi il y a cette faim, cette soif de la Parole de Dieu ; selon les mots du Psaume 63 [62], « *notre âme a soif de Dieu* ». Cette soif ne sera apaisée que dans l'union totale avec Dieu.

3. LE VERBE ET L'EUCHARISTIE

Cette union se réalise tout particulièrement à la messe où la Parole se fait Pain vivant : Jésus nous nourrit par sa Parole et par son Corps eucharistique. Nous entendons l'Évangile : Jésus nous y révèle son projet d'amour pour chacun. Il veut nous unir chacun au Père et nous unir les uns aux autres en son Église, son Corps, pour que peu à peu toute l'humanité soit rassemblée dans son amour. À cette parole d'amour parfaite s'unit le don d'amour dans l'Eucharistie : voilà pourquoi l'Église proclamant l'Évangile célèbre aussi les sacrements, ces signes par lesquelles le Christ donne de manière privilégiée sa vie de grâce...

Dans *Mane nobiscum Domine*, Jean-Paul II commente ainsi le texte de la rencontre des deux disciples d'Emmaüs avec Jésus : "*Il est significatif que les deux disciples, bien préparés par les paroles du Seigneur, l'aient reconnu au moment du simple geste de la fraction du pain. Lorsque les esprits sont éclairés et que les cœurs sont ardents, les signes parlent*[4]. » Nous trouvons là la

---

3. *Mane nobiscum Domine*, 19.
4. *Ibid.*, 14.

structure de la messe. On commence par la « *table de la Parole* » pour éclairer les esprits et réchauffer les cœurs, et on poursuit par la liturgie eucharistique qui est la « *table du pain*[5] ».

À la consécration, le prêtre prie le "*Père de sanctifier les offrandes en répandant sur elles l'Esprit Saint* » et redit les paroles de Jésus : « *Ceci est mon corps, ceci est mon sang.* » À cet instant le pain et le vin deviennent le corps et le sang du Christ. Ce sont « *la Parole du Christ et l'action de l'Esprit Saint*[6] » qui opèrent **ensemble** cette conversion.

4. ACCUEILLIR LA PAROLE

« *C'est le Christ lui-même qui parle.* » Si nous en étions conscients, n'écouterions-nous pas plus attentivement les lectures de la messe ? Rappelons-nous les mots de saint Jean : le Verbe « *est venu chez lui, et les siens ne l'ont pas accueilli* » (Jn 1, 11). Le pape attirait notre attention : « *Il est nécessaire que l'écoute de la Parole devienne une* ***rencontre vivante***[7]. » Cette rencontre vivante n'aura lieu que si nous accueillons la Parole en ayant conscience d'accueillir le Christ et le Père. Le Concile nous disait : « *Dans les Livres saints, le Père qui est aux cieux s'avance de façon très aimante à la rencontre de ses fils et engage conversation avec eux*[8]. » Jésus nous l'a promis : « *Si quelqu'un m'aime, il gardera ma Parole et mon Père l'aimera et nous viendrons vers lui et nous nous ferons une demeure chez lui* » (Jn 14, 23).

---

5. *Ibid.*, 12.
6. CEC 1375
7. *Novo millennio ineunte*, 39.
8. *Dei Verbum*, 21.

Dans la Parabole du semeur (Mt 13, 1-8), Jésus nous dit que la Parole a besoin d'une bonne terre, sinon les grains se perdent, les oiseaux les mangent ou les épines les étouffent. Mais « *ceux qui sont tombés sur la bonne terre ... ont donné du fruit* ». Quelle est cette bonne terre ? Le meilleur exemple, c'est Marie, la mère de Jésus.

Reprenons le récit de l'Annonciation (Lc 1, 26-38). Quand l'ange est venu lui annoncer qu'elle serait la mère du Messie, Marie était chez elle. C'est-à-dire qu'elle n'était pas excitée, ou dissipée à l'extérieur d'elle-même, mais recueillie. Marie a écouté la parole de l'ange. Or si elle a écouté, c'est qu'elle était dans l'attente, qu'elle croyait que l'ange avait une parole à lui dire. Si je n'attends rien de la Parole, je ne vais pas l'écouter réellement... Puis après avoir écouté, Marie a accueilli, réfléchi, elle a essayé de comprendre avec son intelligence et avec son cœur ; c'est pourquoi elle a demandé : « *Comment cela se fera-t-il* ? » Nulle trace de doute, de restriction de cœur, mais un vrai désir en elle de s'ouvrir consciemment à l'accueil de cette parole. Enfin, après les explications de l'ange lui disant que l'Esprit Saint la prendrait sous son ombre, Marie a agi en donnant sa réponse : « *Je suis la servante du Seigneur, qu'il m'advienne selon ta parole* » (Lc 1, 26-38). Marie met la Parole en pratique en disant son *fiat* et en s'abandonnant à l'action de l'Esprit Saint.

Résumons les attitudes de Marie : recueillement ; désir de savoir le contenu du message ; écoute de ce message ; puis, après réflexion, mise en pratique de la Parole et abandon à l'action de la Parole : « *Qu'il me soit fait selon ta Parole !* » Car, comme le dit Dieu, « *ma Parole ... ne revient pas vers moi ... sans avoir accompli ce que j'ai voulu...* » (Is 55, 11). Plus loin, l'évangéliste Luc insiste aussi sur le fait que Marie retenait toutes ces choses et les méditait dans son cœur.

Nous ne verrons peut-être pas un ange nous parler comme Marie. Pourtant la Parole de Dieu ne nous manque pas ! Mais comment l'entendre et nous laisser transformer par elle ?

4.1 Dans la liturgie

Eh bien, tout d'abord, à la messe. Avant chaque messe, par exemple sur le chemin de l'église, demandons à l'Esprit Saint et à Marie de nous aider à nous recueillir, à désirer la Parole, et à ouvrir notre cœur et notre intelligence. Au moment où l'Évangile est proclamé, le rituel nous invite à nous signer le front, les lèvres et le cœur, en demandant à Dieu la grâce d'accueillir la Parole et de la faire descendre au plus intime de nous-mêmes : ainsi quand nous ferons la petite croix sur notre bouche, remercions le Seigneur de nous nourrir par sa Parole.

4.2 Dans les Psaumes

Les psaumes que nous entendons à la messe, nous pouvons les relire chez nous, les chanter, les psalmodier. Nous méconnaissons souvent la force de cette prière : pourtant elle est à la fois Parole de Dieu et parole d'homme ; Jésus dans son humanité a aimé prier avec les Psaumes.

Les Psaumes sont donc une belle école de prière : nous y apprenons la langue de Dieu. Et comme pour les langues étrangères que nous avons apprises au collège, au lycée, nous sommes invités à réutiliser mots, expressions pour en faire notre propre parole. C'est ce que Marie a fait en chantant son Magnificat.

Quelle que soit la situation que nous sommes en train de vivre, il y aura toujours un psaume qui y correspondra et avec lequel nous pourrons prier.

4.3 En la lisant

Il y a plusieurs façons de lire la Parole de Dieu. On peut étudier les Écritures comme on étudie un texte littéraire, en lisant les petites notes de la Bible, ou des commentaires d'exégètes. C'est intéressant et enrichissant. C'est insuffisant, cependant, si la lecture de la Parole de Dieu ne devient pas « *cette rencontre vivante* » dont parlait le pape. Jésus est la Parole, donc c'est Jésus lui-même et son Père que je vais rencontrer en la lisant, selon les mots du Concile déjà cités : « *Dans les Livres saints, le Père s'avance de façon très aimante à la rencontre de ses fils et engage conversation avec eux*[9]. »

Deux questions peuvent dans un premier temps m'aider à écouter : qu'est-ce que Jésus me dit de lui à travers ce texte ? Puis qu'est-ce que ce texte fait réagir en moi (dans mon intelligence, ma sensibilité, ma mémoire, mon désir...) ?

On peut lire des passages entiers de la Bible, ou bien de tout petits passages, par exemple l'évangile ou la lecture du jour, ou le psaume, mais en les lisant attentivement, amoureusement, en se « laissant faire » par la Parole.

5. GARDER LA PAROLE

Ces paroles que nous avons accueillies, comment les garder ?

Pendant la prière, on peut **répéter** aussi souvent qu'on le veut une ou deux phrases qui nous ont touchés. Déjà sainte Thérèse de l'Enfant-Jésus disait : « *Je me répétais les paroles qui avaient enflammé mon cœur.* » On peut continuer après le temps de prière, et les reprendre le soir avant de s'endormir. S'endormir avec la Parole de Dieu dans le cœur, c'est s'endormir avec Jésus !

9. *Dei Verbum*, 21.

On peut aussi **apprendre** certaines paroles **par cœur**. Nous ferons l'expérience que Dieu vit en nous par sa Parole. Une jeune femme malade d'un cancer racontait que pendant son séjour à l'hôpital, les Psaumes remontaient d'eux-mêmes dans son cœur et la consolaient parfaitement. Alors qu'elle n'avait pas la force de prier, ces Psaumes « priaient en elle », suivant son expression.

Nous pouvons écrire les paroles qui nous touchent dans un petit carnet réservé à cet usage. En écrivant la Parole, nous comprendrons parfois mieux qu'en écoutant seulement. Ce carnet nous permettra aussi, avec du recul, de constater une sorte de « fil conducteur » par lequel Dieu nous aura conduits à travers sa Parole. Ce sera un peu notre « histoire sainte » !

Nous pouvons aussi écrire une parole sur un petit papier que nous collerons là où nous pourrons la voir souvent : miroir de la salle de bain, à côté du téléphone, dans la voiture…

Tous ces petits moyens nous aideront à vivre en présence de Jésus, en retenant et méditant dans notre cœur la Parole, comme le faisait Marie.

6. LA PAROLE EST VIVANTE ET AGISSANTE.

Nous savons à quel point la parole humaine produit des effets sur l'entourage. Le cardinal Ratzinger écrivait à ce sujet : « *La parole. Nous avons tendance à dire : "Quelle importance a la parole ? Seuls les faits comptent. Les mots ne sont rien." Mais quand on y réfléchit de plus près, on constate la puissance de la parole qui crée des états de fait. Un seul mauvais mot peut détruire toute une vie d'homme, salir son nom de façon irréversible. Un seul mot de bonté peut transformer un être humain, là où rien d'autre ne peut l'aider*[10]. » Si déjà une parole de bonté de la créature a un tel poids, que dire alors de la Parole du Créateur !

Isaïe écrivait au nom de Dieu : « *La Parole qui sort de ma bouche ne revient pas vers moi sans effet, sans avoir accompli ce que j'ai voulu et réalisé l'objet de sa mission* » (Is 55, 11).

Ézéchiel, lui, rapporte cette expression lapidaire : « *Moi, le Seigneur, j'ai dit et je fais* » (Ez 17, 24). Dire et faire, c'est tout un chez Dieu !

Plus près de nous les Pères du Concile disaient : « *Une si grande force, une si grande puissance se trouve dans la Parole de Dieu, qu'elle se présente comme le soutien et la vigueur de l'Église, et, pour les fils de l'Église, comme la solidité de la foi, la nourriture de l'âme, la source pure et intarissable de la vie spirituelle*[11]. »

Jean-Paul II soulignait aussi cette "*source de la vie spirituelle* » dans son commentaire de la rencontre du Christ ressuscité avec les disciples d'Emmaüs. Lorsque Jésus leur expliquait les Écritures, « *les disciples d'Emmaüs faisaient l'expérience d'un désir ardent et profond ... La lumière de la Parole faisait fondre la dureté de leur cœur et ouvrait leurs yeux ... Jésus ravivait en eux l'espérance et ouvrait leurs cœurs au désir de la pleine lumière*[12]. »

Reprenons en détail ces différents points.

6.1 La Parole donne un « désir ardent et profond » de Dieu.

Quand une Parole sur l'amour de Dieu nous a touchés, n'hésitons pas à nous la redire souvent ; par

10. Josef Ratzinger, *Berührt vom Unsichtbaren*, Herder, p. 36.
11. *Ibid.*, 21.
12. *Mane nobiscum Domine*, 1.

exemple : « *Le Seigneur est tendresse et pitié, lent à la colère et plein d'amour* » (Ps 103 [102], 8), ou bien : « *Dieu est amour* » (1 Jn 4, 9). Ou encore dans l'Ancien Testament : « *Éphraïm est-il donc pour moi un fils si cher, un enfant tellement préféré, que chaque fois que j'en parle, je veuille encore me souvenir de lui ? C'est pour cela que mes entrailles s'émeuvent pour lui, que pour lui déborde ma tendresse, oracle du Seigneur* » (Jr 31, 20).

6.2 Elle fait « fondre la dureté du cœur ».

La Parole agit en nous en nous guérissant, comme le dit le livre de la Sagesse : « *Ce n'est ni herbe ni onguent qui leur rendit la santé, mais ta parole, Seigneur, elle qui guérit tout* » (Sg 16, 12). Nous le reconnaissons lorsque, à chaque messe avant la communion, nous prions : « *Seigneur, je ne suis pas digne de te recevoir, mais* ***dis seulement une parole,*** *et je serai guéri* », faisant nôtre la parole d'un centurion à Jésus (Mt 8, 8)... La Parole qui nous guérit, Jésus l'a prononcée sur la croix quand il nous a dit par sa mort : « Je t'aime tant, que je donne ma vie pour toi ! » Parfois notre cœur est endurci par les blessures, nous nous sommes façonnés une carapace pour nous protéger. Or la Parole est « *vivante* », elle pénètre au plus profond de l'âme (cf. He 4, 12). La Parole de Dieu peut atteindre tous ces endroits bien cachés où nous avons enfoui nos blessures, mais aussi nos rancunes, nos péchés qui sont devenus des habitudes. Nous n'avons pas à avoir peur, car la Parole de Dieu, c'est Jésus. Il n'est pas un intrus qui viendra nous faire encore plus mal. Il vient nous guérir, nous libérer. La souffrance, le mal subi, mais aussi notre propre péché nous ont profondément blessés dans notre identité, demeurent en nous comme un poison qui nous paralyse. Seule la Parole de Dieu peut agir comme un antipoison, comme un baume. Quand nous prions, ou avant de nous endormir, répétons-nous la parole qui nous a touché et qui nous reconstruira, car elle est la Vérité. Prenons comme exemple la parole d'Isaïe : « *Tu comptes beaucoup à mes yeux, tu as du prix et je t'aime. Ne crains pas, car je suis avec toi* » (Is 43, 4-5). Si on nous a dit, par exemple, que nous étions « nuls », redisons-nous : « *Tu as du prix à mes yeux, je t'aime.* » Si nous avons eu l'impression qu'on nous préférait d'autres, répétons : « *Tu comptes beaucoup à mes yeux, je t'aime.* » Si nous avons été élevés dans l'angoisse matérielle du lendemain, nous pouvons redire : « *Ne crains pas, car je suis avec toi.* » Vous voyez la force extraordinaire que contient cette seule phrase. Ce n'est pas une sorte de méthode « psy » où l'on répète des choses pour s'en persuader. La Parole, ce ne sont pas seulement des mots. Jésus lui-même vient, accompagné de son Esprit Saint qui se pose comme un baume sur nos blessures, sur les déformations de notre intelligence, sur nos souvenirs ; il vient restaurer en nous la ressemblance avec Dieu abîmée par les blessures et le péché. Parfois, la Parole se fait sévère, exigeante, voire menaçante : « *Cœurs insensés, lents à croire... !* » dit Jésus aux pèlerins d'Emmaüs. Pourtant, même là, elle reste la Parole d'un Dieu qui nous aime, et qui est prêt à user de tous les tons pour nous en persuader, et pour nous convaincre de venir à Lui, et de nous laisser transformer par Lui.

6.3 La Parole « ravive l'espérance ».

Les pèlerins d'Emmaüs étaient absolument découragés, désespérés. Jésus vient, il leur explique les Écritures, et avant même qu'ils l'aient reconnu, leur cœur est tout brûlant à l'écoute de ce que Jésus leur dit.

Quand nous sommes découragés, que nous ne voyons plus de perspectives devant nous, la Parole de Dieu est une aide efficace. Par exemple, Dieu a fait dire par le prophète Jérémie à son peuple : « *Je sais, moi, les des-*

seins que j'ai pour vous, oracle du Seigneur, desseins de paix et non de malheur, car je vous donne un avenir et une espérance » (Jr 29, 11). Une adolescente de 14 ans, en grande difficulté scolaire, était habitée d'un profond désespoir au sujet de son avenir. Un jour, sa maman a eu l'idée de lui citer ce texte de Jérémie. La jeune fille lui a demandé de le lui écrire sur un petit papier qu'elle pourrait emmener à l'école et relire en cachette. Quelque temps après, l'adolescente avait trouvé quelques amies, et ses notes ont commencé à remonter de façon constante. La Parole n'a pas agi de façon magique. Jésus lui-même et l'Esprit Saint, à travers la Parole, sont venus visiter le cœur de cette enfant et lui redonner l'espérance. La Parole a même fait deux guérisons d'un coup. Car la maman, en lisant cette phrase à sa fille, s'est rendu compte qu'elle-même n'avait aucune espérance pour l'avenir de son enfant. Et pendant qu'elle donnait cette Parole, elle a réalisé que sa fille et elle-même étaient vraiment dans la main de Dieu et que celui-ci avait des plans de bonheur pour elles deux, même si ces plans devaient se réaliser à travers des difficultés. Et cette certitude ne l'a plus quittée !

La Parole est vraiment une arme dans le combat spirituel, contre toutes ces forces du mal qui essaient de nous détourner de la lumière, de l'espérance, de l'amour. Rappelons-nous comment Jésus a lutté dans le désert contre les tentations du diable (Mt 4, 1-11). À chaque tentation il opposait une Parole et fermait la bouche au démon !

6.4 La Parole « ouvre le cœur à la pleine lumière ».

Parfois la Parole attirera notre attention sur certains blocages en nous, ou bien l'Esprit Saint mettra en lumière des pardons non donnés, ou de fausses images de Dieu. La Parole est vérité et la Vérité nous rend libres (cf. Jn 8, 32).

Cette lumière sur Dieu et sur nous-mêmes peut se faire à tout instant par la Parole, à la messe, dans notre temps de prière, ou même pendant nos activités. Mais il y a une façon de « rentrer » dans la Parole qui peut aussi nous aider. Sainte Thérèse d'Avila et surtout saint Ignace de Loyola l'ont enseignée. On choisit un texte de l'Écriture que l'on désire approfondir et on commence par le lire en entier. Puis, par l'imagination, on se représente la scène, les personnages, leurs attitudes. On s'imagine alors être l'un d'entre eux et on regarde la scène avec ses yeux. On écoute avec ses oreilles les paroles des autres personnages et surtout celles de Jésus ; on les laisse retentir en soi pour voir quel écho elles ont dans notre intelligence, notre cœur et nos sentiments. Cela peut parfois nous révéler des vérités profondes sur nous-mêmes que nous ne connaissions pas encore.

Prenons l'exemple de l'épisode du lavement des pieds (Jn 13). Nous pouvons nous imaginer être à la place de saint Jean, ou de saint Pierre ou même de Jésus. Mettons-nous par exemple à la place de Pierre ; représentons-nous Jésus voulant s'agenouiller devant nous. Osons imaginer tous les détails : nous enlevons nos chaussures, nous acceptons que Jésus prenne notre pied dans sa main… Quelle est notre réaction ? Que se passe-t-il en nous à ce moment-là ? Est-ce facile de laisser faire Jésus, ou bien est-ce difficile, voire même impossible ? Avons-nous la réaction de Pierre qui ne veut pas se laisser laver les pieds ? Quels sont nos sentiments ? La honte devant notre péché, notre indignité ? Une impossibilité d'accepter la miséricorde qui nous est offerte ?… S'il nous est impossible de nous laisser laver les pieds par Jésus, acceptons cette impossibilité, ne nous forçons pas. Mais regardons-le à genoux devant nous, croisons son regard, laissons-nous remplir de l'amour qu'il nous offre. Plus tard, dans une semaine, un mois, un an, revenons à ce texte, recommençons. Peu à peu, le Seigneur va nous apprivoiser, il va nous guérir en faisant « fondre » nos résistances par son amour ; un jour viendra, parfois après plusieurs années, où nous pourrons dire à Jésus avec Pierre : « Oui, Seigneur, lave-moi, oui, Jésus, aime-moi. Jésus, je dépose les armes ! J'accepte enfin de me laisser aimer et servir par toi. J'accueille ta miséricorde, Jésus. »

Nous pouvons ainsi nous représenter diverses scènes. Par exemple, la multiplication des pains (Jn 6, 1-15) : comment aurions-nous réagi devant ce problème ? Si nous avions été le petit garçon, aurions-nous accepté de donner nos pains et nos poissons ?... Ou bien la rencontre de Marie-Madeleine et de Jésus au matin de Pâques (Jn 20, 11-18), ou Pierre marchant sur les eaux (Mt 14, 22-33), etc.

7. METTRE LA PAROLE EN PRATIQUE

La Parole veut nous emmener plus loin. Le Deutéronome disait : « *La Parole est tout près de toi, elle est dans ta bouche et dans ton cœur, pour que tu la mettes en pratique* » (Dt 30, 14). Et saint Jacques reprend : « *Mettez la parole en pratique. Ne soyez pas seulement des auditeurs qui s'abusent eux-mêmes* » (Jc 1, 22).

En effet, il ne suffit pas que la Parole nous touche ou mette des choses en lumière. Si nous voulons qu'elle porte vraiment du fruit, il faut la mettre en pratique. Par exemple, si je suis touché par une parole sur le pardon, je vais demander à l'Esprit Saint de me montrer à qui je dois encore pardonner ; puis, avec son aide, je vais prendre la décision de pardonner et je m'appuierai sur la grâce du Seigneur et sur la force de la Parole, jusqu'à ce que j'y parvienne, même si cela doit durer un certain temps... Ou bien la Parole va m'appeler à la générosité, à l'évangélisation, ou au courage... Essayons donc, quand la Parole nous a montré le chemin à suivre, de prendre chaque fois une décision. Jésus, la Parole de Dieu, s'incarnera dans nos vies, si nous mettons sa Parole en pratique.

8. CONSEILS PRATIQUES POUR L'ADORATION

Pendant l'adoration, nous allons, comme chaque fois, nous mettre d'abord en présence du Seigneur, le saluer, lui parler, le regarder. Puis, si vous le désirez, vous pourrez lire quelques-unes des citations de ce chapitre.

Vous pouvez retenir une phrase que vous répéterez doucement plusieurs fois. Puis vous pourrez faire silence, la laisser descendre en vous. Puis recommencer tout en regardant Jésus présent dans l'Eucharistie.

Si vous prenez le texte du lavement des pieds par exemple, pensez que c'est Jésus présent dans le Saint-Sacrement qui est agenouillé devant vous et qui vous dit : « Veux-tu bien que je te lave les pieds ? Veux-tu bien que je t'aime ? »

Jésus est présent dans l'Eucharistie et sa Parole est dans notre cœur. Demandons à l'Esprit Saint que cette présence, puissance d'amour, irradie peu à peu tout notre être, qu'elle saisisse notre intelligence, notre cœur, notre âme..., comme s'il visitait toutes les pièces de notre maison intérieure, de la cave au grenier.

Jésus agit en nous par sa présence réelle, sacramentelle, et par sa Parole. Si nous gardons sa Parole, il tiendra sa promesse : « *Si quelqu'un m'aime, il gardera ma Parole et mon Père l'aimera et nous viendrons vers lui et nous nous ferons une demeure chez lui* » (Jn 14,23).

VI

Dieu est miséricorde

1. L'EUCHARISTIE EST UN SACRIFICE.

Le premier chapitre était particulièrement centré sur la présence réelle du Christ dans l'Eucharistie. Mais nous y avons aussi évoqué un autre aspect de l'Eucharistie, son aspect sacrificiel. Chaque fois que l'Église célèbre l'Eucharistie, elle rend présent le sacrifice de Jésus.

Dans son encyclique sur l'Eucharistie, le pape Jean-Paul II écrivait : « *En instituant [l'Eucharistie] Jésus ne se contenta pas de dire "Ceci est mon corps", "Ceci est mon sang", mais il ajouta "livré pour vous" et "répandu pour la multitude" (Lc 22, 19-20). Il n'affirma pas seulement que ce qu'il donnait à manger et à boire à ses disciples était son corps et son sang, mais il en exprima aussi* ***la valeur sacrificielle,*** *rendant* ***présent*** *de manière sacramentelle son sacrifice qui s'accomplirait sur la Croix quelques heures plus tard pour le salut de tous*[1]. »

En quoi la mort de Jésus est-elle un sacrifice ?

- Parce qu'il donne sa vie par amour : « Ma vie, personne ne me l'enlève, mais je la donne de moi-même » (Jn 10, 18) ;
- Il la donne à Dieu son Père pour nous : « Père, entre tes mains je remets mon esprit » (Lc 23, 46) ;

---

1. *Ecclesia de Eucharistia*, 12.

- Et ce don a un but : nous sauver d'une manière définitive.

C'est là l'Alliance nouvelle que Dieu a promise, en particulier par le prophète Jérémie :

« *Voici venir des jours, déclare le Seigneur, où je conclurai avec la maison d'Israël et avec la maison de Juda une alliance nouvelle. Ce ne sera pas comme l'alliance que j'ai conclue avec leurs pères, le jour où je les ai pris par la main pour les faire sortir d'Égypte : mon alliance, c'est eux qui l'ont rompue, alors que moi, j'avais des droits sur eux. Mais voici quelle sera l'alliance que je conclurai avec la maison d'Israël quand ces jours-là seront passés, déclare le Seigneur. Je mettrai ma Loi au plus profond d'eux-mêmes ; je l'inscrirai dans leur cœur. Je serai leur Dieu, et ils seront mon peuple. Ils n'auront plus besoin d'instruire chacun son compagnon, ni chacun son frère en disant : "Apprends à connaître le Seigneur !" Car tous me connaîtront, des plus petits jusqu'aux plus grands, déclare le Seigneur. Je pardonnerai leurs fautes, je ne me rappellerai plus leurs péchés* » (Jr 31, 31-34).

À la messe, ce sacrifice nous est rendu présent : « *De cette façon, l'Eucharistie étend aux hommes d'aujourd'hui* ***la réconciliation*** *obtenue une fois pour toutes par le Christ pour l'humanité de tous les temps*[2]. »

Sainte Catherine de Sienne avait eu l'image de Jésus comme d'un pont lancé par Dieu vers les hommes, mais aussi parcouru le premier par Jésus pour ramener l'humanité à son Père, pont que nous étions appelés à emprunter à notre tour. « *C'est vraiment là le mystère de la foi qui se réalise dans l'Eucharistie : le monde, sorti des mains de Dieu créateur, retourne à lui après avoir* ***été racheté par le Christ***[3]. »

---

2. *Ecclesia de Eucharistia*, 12.
3. *Ecclesia de Eucharistia*, 8.

Par son sacrifice, Jésus m'unit, avec tous les membres de son Corps, à Lui et à son offrande. « *Dans l'Eucharistie, le sacrifice du Christ devient aussi le sacrifice des membres de son Corps. La vie des fidèles, leur louange, leur souffrance, leur prière, leur travail sont unis à ceux du Christ et à sa totale offrande, et acquièrent ainsi une valeur nouvelle*[4]. »

Voilà le mystère de miséricorde que nous allons contempler et adorer, comme nous y invitait le pape Jean-Paul II : « *Je désire encore une fois redire cette vérité, en me mettant avec vous, chers frères et sœurs,* ***en adoration*** *devant ce ...* ***Mystère de miséricorde.*** *Qu'est-ce que Jésus pouvait faire de plus pour nous ? Dans l'Eucharistie, il nous montre vraiment un amour qui va "jusqu'au bout" (cf. Jn 13, 1), un amour qui ne connaît pas de mesure*[5]. » « *C'est pourquoi l'Église a le regard constamment fixé sur son Seigneur, présent dans le Sacrement de l'autel, dans lequel elle découvre la pleine manifestation de son immense amour*[6]. »

Découvrir l'immense amour dont nous sommes aimés et la misère dont nous sommes sauvés ne fait qu'un. Nous en acquérons alors une plus grande finesse de cœur pour répondre par amour. Pour essayer de comprendre un peu mieux pourquoi cette réconciliation de l'humanité avec Dieu était nécessaire et pourquoi Dieu a permis qu'elle se fasse par un sacrifice, remontons aux origines.

2. JÉSUS NOUS RÉCONCILIE AVEC DIEU.

2.1 Le péché originel

Rappelons-nous tout d'abord comment tout a commencé. Dieu nous a créés homme et femme à son image

---

4. CEC 1368.
5. *Ecclesia de Eucharistia,* 11.
6. *Ecclesia de Eucharistia,* 1.

et à sa ressemblance, et il nous a créés libres pour que nous répondions librement à son amour. Dieu était heureux en compagnie de l'homme et de la femme, comme Adam et Ève étaient heureux en compagnie de Dieu, dans une relation harmonieuse, pleine de confiance.

Dieu avait tout donné à l'homme et à la femme, tout sauf « *l'arbre de la connaissance du bien et du mal* ». Et quand le serpent dit à Ève : « *Alors, Dieu a dit : Vous ne mangerez pas de tous les arbres du jardin ?* » Ève le corrige et répond : « *Nous pouvons manger du fruit des arbres du jardin. Mais du fruit de l'arbre qui est au milieu du jardin, Dieu a dit : Vous n'en mangerez pas sous peine de mort* » (Gn 3, 1-3).

Alors retentit la parole qui entre dans le cœur de l'homme comme une flèche empoisonnée : *"Pas du tout ! Vous ne mourrez pas ! Mais Dieu sait que le jour où vous en mangerez, vos yeux s'ouvriront* ***et vous serez comme des dieux,*** *qui connaissent le bien et le mal* » (Gn 3, 4-5). Ces paroles du serpent, nous les connaissons peut-être si bien que nous ne les remarquons même plus ; elles sont absolument terribles ! Jean-Paul II les nommait « *l'anti-verbe, l'anti-vérité. Cette "anti-vérité" fausse complètement la vérité sur ce qu'est Dieu*[7] ».

Dieu, Jésus nous le révélera comme un Père tendre et aimant, un Père qui nous a créés par amour, pour tout nous donner. Or le serpent fait croire à l'homme que ce Dieu est un menteur, jaloux de ses droits. La parole du serpent fait entrer dans le cœur de l'homme le soupçon, la méfiance vis-à-vis de Dieu.

Le récit continue : « *La femme vit que l'arbre... était désirable, elle prit de son fruit et mangea. Elle en donna à son mari et il mangea... Adam et Ève entendirent le pas de Dieu qui se promenait dans le jardin... et ils se cachè-*

---

7. Encyclique *Dominum et vivificantem*, 37.

rent devant Dieu... Dieu appela l'homme : "Où es-tu ?" L'homme répondit : "J'ai entendu ton pas... j'ai eu peur parce que je suis nu et je me suis caché" » (Gn 3, 6-11). En quelques lignes ce récit nous fait comprendre le drame qui s'est passé entre Dieu et l'homme. « *L'arbre de la connaissance du bien et du mal évoque symboliquement la limite infranchissable que l'homme, en tant que créature, doit librement reconnaître et respecter avec confiance. L'homme dépend du Créateur... L'homme, tenté par le diable,* ***a laissé mourir dans son cœur la confiance envers son Créateur*** *et, en abusant de sa liberté, il a désobéi au commandement de Dieu... Tout péché, par la suite, sera une désobéissance à Dieu et un* ***manque de confiance en sa bonté.*** *Dans ce péché, l'homme s'est préféré lui-même à Dieu, et par là même,* ***il a méprisé Dieu***[8] », il a méprisé son amour.

Quelles sont les « *conséquences dramatiques de cette première désobéissance* » ? Dès que la flèche empoisonnée des paroles du serpent est entrée dans le cœur de l'homme, Adam et Ève « *ont conçu une fausse image de Dieu* ». D'un Dieu Amour, ils ont fait un « *Dieu jaloux de ses prérogatives* ». Et par conséquent ils en ont fait un Dieu dont « *ils ont peur* »[9].

Ce « *péché sera transmis par propagation à toute l'humanité*[10] ». Avec ce péché est transmise également à toutes les générations la **fausse image de Dieu** qui entraîne méfiance, soupçon et peur vis-à-vis de Dieu. Les hommes en viennent à considérer Dieu comme leur « *ennemi*[11] ». Dieu devient à leurs yeux le méchant, celui qui punit, qui juge, qui envoie les catastrophes naturelles pour se venger, etc.

---

8. CEC 396-398.
9. CEC 399.
10. CEC 404.
11. *Dominum et vivificantem*, 37.

Avec une telle image de Dieu, on comprend que nos contemporains, et parfois nous-mêmes, connaissions une angoisse diffuse, la peur de l'avenir, amplifiées encore par la situation économique actuelle, les actes de terrorisme ou les catastrophes naturelles... Avec une telle image de Dieu, l'homme se sent perdu, comme orphelin.

Avant de pouvoir parler de l'immensité de l'amour de Dieu pour nous, laissons d'abord toucher notre cœur par la profondeur de l'offense que nous faisons à Dieu quand nous refusons son amour. Dieu est méconnu par ceux-là même qu'il a créés avec tant d'amour ! Lui qui voulait tout nous donner, il voit son amour « *méprisé*[12] », rejeté par ses enfants qui ne lui font plus confiance. C'est absolument terrible !

Mais au lieu de rejeter l'homme définitivement, Dieu va au contraire désormais tout faire pour le guérir de cette fausse image qu'il a de Lui et pour le réconcilier avec Lui. Dès ce moment-là, Dieu va nous poursuivre de sa miséricorde, comme Jésus l'a dit un jour à sainte Faustine : « *Je poursuis de ma miséricorde les pécheurs sur tous leurs chemins*[14]. »

2.2 Dieu révèle son amour au peuple qu'il s'est choisi.

Toute l'Histoire sainte nous montre Dieu cherchant à révéler qui il est, en se montrant proche des hommes. Pour cela, il se choisit un peuple.

• Il choisit d'abord Abraham pour en faire le « *père d'une multitude de nations* » (Gn 17, 5).

• Puis Dieu libère les Hébreux de l'oppression des Égyptiens car il a vu leur détresse et a eu pitié d'eux. Il se révèle ainsi à Moïse : « *J'ai vu la misère de mon*

12. CEC 398.
13. Sœur M. Faustine Kowalska, *Petit Journal*, 1728.

peuple qui est en Égypte. J'ai entendu son cri, oui, je connais ses angoisses ... Fais sortir mon peuple d'Égypte, je suis avec toi. » (Ex 3, 7-11)

• Bien que son peuple le trahisse régulièrement, Dieu se révèle continuellement comme celui qui est un « *Dieu de tendresse et de pitié, lent à la colère, plein d'amour et de vérité* » (Ps 86 [85], 15).

• Dieu connaît bien le cœur de l'homme : il sait que depuis qu'il s'est séparé de lui, l'homme orphelin vit dans la peur et dans l'angoisse. Aussi il n'arrête pas de lui redire par ses prophètes : « *Ne crains pas !* » « *Moi, ton Dieu, je te saisis la main droite, je te dis : Ne crains pas,* ***c'est moi*** *qui te viens en aide, oracle du Seigneur,* ***celui qui te rachète, c'est le Saint d'Israël*** » (Is 41, 13-14).

2.3 Jésus, le Sauveur

« *Vrai Dieu, né du vrai Dieu, de même nature que le Père* » (Credo), le Fils unique de Dieu se fait homme pour nous révéler l'amour miséricordieux de son Père. « *Qui me voit, voit le Père* » (Jn 14, 9), dit Jésus à Philippe.

Depuis le péché originel, la peur que Dieu se venge faisait partie intégrante de la nature blessée de l'homme. Pourtant Dieu annonçait par le prophète Isaïe une vengeance étonnante : « *Dites aux cœurs défaillants : Soyez forts, ne craignez pas ; voici votre Dieu. C'est la* ***vengeance*** *qui vient, la rétribution divine.* ***C'est lui qui vient vous sauver.*** » (Is 35, 3-4). Quelle vengeance ! **Dieu se venge en venant lui-même nous sauver.**

En Jésus, Dieu montre aux hommes de façon radicale la nature de son amour pour eux : au lieu d'anéantir les hommes pour les punir de l'avoir trahi, Jésus s'anéantit lui-même pour nous sauver tous. Au lieu de verser notre sang, Jésus verse le sien : « *Voici mon sang qui sera répandu pour vous pour le pardon des péchés !* »

« *Jésus, qui était de condition divine, ne retint pas jalousement le rang qui l'égalait à Dieu. Mais il s'anéantit lui-même, prenant condition d'esclave et devenant semblable aux hommes. S'étant comporté comme un homme, il s'humilia plus encore, obéissant jusqu'à la mort, et à la mort sur une croix* » (Ph 2, 6-8).

2.4 Jésus et le bon larron

Pour comprendre cet amour qui s'anéantit pour nous sauver tous, absolument tous, regardons les derniers moments de la vie de Jésus. Saint Luc nous décrit Jésus, cloué sur la croix, entouré de deux malfaiteurs :

« *L'un des malfaiteurs suspendus à la croix l'injuriait : "N'es-tu pas le Christ ? Sauve-toi toi-même, et nous aussi." Mais l'autre, le reprenant, déclara : "Tu n'as même pas crainte de Dieu, alors que tu subis la même peine ! Pour nous, c'est justice, nous payons nos actes ; mais lui n'a rien fait de mal." Et il disait : "Jésus, souviens-toi de moi, lorsque tu viendras avec ton royaume." Et Jésus lui dit : "En vérité, je te le dis, aujourd'hui tu seras avec moi dans le Paradis."* » (Lc 23, 39-43.)

Le premier malfaiteur ne reconnaît pas son péché, il est malheureux, révolté, et dans sa révolte fait retomber sa colère sur l'innocent.

L'autre malfaiteur est tout aussi coupable. Il reconnaît que ses actes méritaient pareille condamnation. Mais surtout il est touché par Jésus, par son innocence : « *Lui n'a rien fait de mal !* » En se reconnaissant pécheur, cet homme retrouve sa dignité, et il trouve la force de défendre Jésus.

Mais il y a plus encore. En Jésus défiguré, anéanti, le malfaiteur reconnaît le Christ, le Sauveur. À l'inverse des autres spectateurs, il reconnaît que la souffrance de ce Jésus n'est pas incompatible avec sa qualité de Messie sauveur, et qu'elle en est même un élément nécessaire. En effet, il voit Dieu le rejoindre en subissant la même peine que lui : « *Tu n'as même pas crainte de Dieu, alors que tu subis la même peine !* » Il est bouleversé de voir que Dieu se laisse crucifier par les hommes, et ce bouleversement ouvre les yeux de son cœur sur la vraie nature de l'amour de Dieu.

En voyant ce roi innocent crucifié, l'espérance entre dans son cœur; il ose alors croire à la miséricorde de Dieu pour lui. Il avait sûrement entendu Jésus dire juste avant : « *Père, pardonne-leur; ils ne savent pas ce qu'ils font !* » (Lc 23, 34.) Et dans un élan de suprême confiance il ose faire appel à cette miséricorde de Jésus : « *Jésus, souviens-toi de moi lorsque tu viendras dans ton royaume !* » Il n'ose pas encore lui demander de lui pardonner, mais seulement de « *se souvenir de lui* ».

Jésus comprend et aussitôt sa réponse jaillit : « *Aujourd'hui, tu seras avec moi dans le Paradis !* » Le larron demande qu'on se souvienne de lui, et Jésus lui donne bien plus, non seulement il lui donne son pardon absolu, mais il lui promet d'être avec lui dans le Paradis, dans son intimité, le jour même.

Quelle consolation pour Jésus : au moment de sa détresse la plus extrême, un homme tombé au plus bas découvre l'amour miséricordieux de Dieu et y fait appel !

Avec le larron, nous pouvons un peu mieux comprendre pourquoi, mystérieusement, Dieu, a accepté que la réconciliation avec lui passe par le sacrifice de la croix. « *Jésus crucifié ne nous révèle pas un Dieu qui a besoin de ces souffrances et de cette mort [de Jésus], mais un Dieu qui par amour laisse son Fils s'engager à fond dans l'amour. Cet amour a rencontré tant de haine qu'inexorablement la croix était au bout*[14]. » Par sa mort sur la croix, Jésus nous a prouvé de façon radicale que son amour va jusqu'au bout et que même le dernier des pécheurs, et ne serait-ce qu'au moment de sa mort, peut espérer en sa miséricorde.

2.5 La miséricorde pardonne et revalorise.

La miséricorde est plus qu'un simple pardon. Comme le pape Jean-Paul II nous le disait dans son encyclique sur la miséricorde divine : « *La miséricorde se manifeste dans son aspect propre et véritable quand elle* ***revalorise,*** *quand elle promeut et quand elle tire le bien de toutes les formes du mal qui existent dans le monde et dans l'homme*[15]. » Non seulement Jésus pardonne au malfaiteur, mais sa miséricorde le « *revalorise* » et fait de lui le premier saint officiellement canonisé !

Méditons maintenant sur la première rencontre de Jésus avec ses disciples après sa résurrection. Si le malfaiteur pardonné était certes tombé vraiment au plus bas, lui au moins, ne connaissait pas Jésus avant sa condamnation. En ce qui concerne les disciples de Jésus, ces douze qu'il nommait « *ses amis* », qu'il avait choisis parmi des millions d'hommes, qu'il avait enseignés pendant trois ans, avec lesquels il avait vécu, était-il possible de leur pardonner leur abandon ?

Le bilan des douze à la croix est déplorable : l'un a vendu Jésus pour de l'argent et l'a trahi d'un baiser, un autre l'a renié trois fois de suite, et neuf se sont enfuis à l'approche du danger ! Un seul est resté jusqu'au pied de la croix : Jean, le disciple bien-aimé.

---

14. André Sève, *Avec Jésus, qu'est-ce que tu vis ?*, Éd. Le Centurion, 1976, cité dans *Feu et Lumière* n° 234, p. 46.
15. *Dives in misericordia*, 6.

Mettons-nous à leur place : lorsque Marie-Madeleine leur annonce le matin de Pâques que Jésus est ressuscité, quelle a pu être leur réaction ? Certes de la joie, mais aussi de la honte au souvenir de leur lâcheté, de leur fuite…

« *Le soir, le premier jour de la semaine, les portes étant closes, là où se trouvaient les disciples par peur des Juifs, Jésus vint et se tint au milieu et il leur dit : "Paix à vous !" Ayant dit cela, il leur montra ses mains et son côté. Les disciples furent remplis de joie à la vue du Seigneur. Il leur dit alors, de nouveau : "Paix à vous ! Comme le Père m'a envoyé, moi aussi je vous envoie." Ayant dit cela, il souffla sur eux et leur dit : « Recevez l'Esprit Saint. Ceux à qui vous remettrez les péchés, ils leur seront remis ; ceux à qui vous les retiendrez, ils leur seront retenus* » (Jn 20, 19-23).

Imaginons les apôtres. Celui qu'ils ont abandonné est là au milieu d'eux. Comme ils sont stupéfaits, Jésus parle le premier : « *La paix soit avec vous !* » Comme avec le bon larron, pas un mot de reproche, pas une accusation.

Mais cela n'était pas suffisant pour chasser la gêne des disciples. Si on a mauvaise conscience après avoir abandonné un être très cher, la parole de paix ne peut suffire à évacuer toute honte. Alors Jésus qui sait tout, ne fait pas de grands discours, mais un geste : « *Il leur montra ses mains et son côté.* » Non seulement cela veut dire : Voyez, c'est bien moi ! Mais surtout : « Regardez ces marques que mon amour pour vous a laissées dans mon corps, et comprenez enfin à quel point je vous aime ! »

Et les disciples comprennent : « *Ils furent remplis de joie !* » Voir Jésus vivant n'aurait pu les remplir de joie, si le poids de culpabilité était demeuré dans leur cœur. Ils ont abandonné Jésus, mais ils connaissent maintenant son pardon. Alors Jésus peut redire « *La paix soit avec vous !* » « Vos cœurs peuvent être dans la paix, je vous ai vraiment pardonné. »

Les paroles qui suivent confirment la vraie nature de la miséricorde « *qui se manifeste dans son aspect propre et véritable quand elle revalorise... et quand elle tire le bien de toutes les formes du mal*[16]. » Non seulement Jésus a pardonné aux apôtres, mais il les revalorise en leur donnant part à sa propre mission : « *Comme le Père m'a envoyé, moi aussi je vous envoie.* »

Voilà le miracle de la miséricorde : d'un malfaiteur elle fait le premier saint ; de disciples qui ont abandonné leur Seigneur au moment où il avait le plus besoin d'eux, elle fait des apôtres qui iront évangéliser toute la terre. Et comme pour bien confirmer que l'essentiel de sa mission est dans la miséricorde, Jésus donne à ses disciples l'ordre de remettre les péchés en son Nom. Pour cela il leur insuffle l'Esprit Saint, son Esprit à Lui, Il le leur communique directement par son souffle : « *Recevez l'Esprit Saint. Ceux à qui vous remettrez les péchés, ils leur seront remis.* »

Il était nécessaire que les apôtres fassent l'expérience de la joie de se sentir totalement aimés : principalement là où ils s'en voulaient le plus, là où ils avaient le plus honte et le plus mal, là où ils avaient manqué à l'amour. En effet, nous le savons bien : « *On peut dire que pardonnent le mieux, ceux qui ont eu la conscience la plus vive, à un moment de leur vie, d'avoir produit de la souffrance autour d'eux, ceux qui ont regretté sincèrement leurs actes, et on fait l'expérience du pardon absolu de Dieu. Ceux là pardonneront plus facilement aux autres*[17]... »

---

16. *Dives in misericordia*, 6.
17. Yves Boulvin, *Feu et Lumière* n° 234, p. 16.

3. CONSEILS PRATIQUES POUR L'ADORATION EUCHARISTIQUE

Comment intégrer tout cela dans notre prière ?

• Tout d'abord, mettons-nous en présence du Seigneur, comme nous avons maintenant l'habitude de le faire… chez nous, à l'endroit où nous prions habituellement, ou devant le Saint-Sacrement.

• Relisons et méditons une des deux scènes que nous venons de décrire. Essayons de repérer quels échos elles trouvent en notre cœur. En particulier, y a-t-il une partie de nous-mêmes qui, au fond, a peur de Dieu ?

• Quand un enfant a commis une faute, s'il a peur de ses parents ou de son professeur, il va chercher à dissimuler sa faute, ou va en accuser les autres, ou bien encore va chercher mille excuses pour se disculper et ne pas avoir à avouer sa faute et à en demander pardon.

• Osons regarder ces peurs qui sont en nous, parfois inconsciemment. La vérité nous rendra libres (cf. Jn 8, 32) !

Dans sa première lettre, saint Jean écrivait : « *Il n'y a pas de crainte dans l'amour ; au contraire, le parfait amour bannit la crainte, car la crainte implique un châtiment, et celui qui craint n'est point parvenu à la perfection de l'amour. Quant à nous, aimons, puisque Dieu nous a aimés le premier* » (1 Jn 4, 18-19).

• Puis présentons toutes nos craintes au Seigneur, toutes les fausses images que nous avons de lui, et contemplons son amour miséricordieux. C'est la contemplation de cet amour qui ôtera toute crainte de notre cœur et qui nous convertira.

• Nous tournions peut-être le dos à Dieu, nous allons nous retourner vers Lui et regarder son amour, c'est cela la conversion : « *La connaissance authentique du Dieu de la miséricorde, du Dieu de l'amour bienveillant, est une force de conversion constante et inépuisable, non seulement comme acte intérieur d'un instant, mais aussi comme disposition permanente, comme état d'âme. Ceux qui arrivent à connaître Dieu ainsi, ceux qui le voient ainsi, ne peuvent pas vivre autrement qu'en se convertissant à lui continuellement. C'est cet état de conversion qui constitue la composante la plus profonde du pèlerinage de tout homme sur la terre*[18]. »

Sainte Thérèse de l'Enfant-Jésus disait peu avant sa mort :

« *Oui je le sens, quand même j'aurais sur la conscience tous les péchés qui se peuvent commettre, j'irais, le cœur brisé de repentir, me jeter dans les bras de Jésus, car* ***je sais combien il chérit*** *l'enfant prodigue qui revient à Lui*[19]. »

Demandons à Jésus de nous montrer à quel point « *il nous chérit* ».

Nous pouvons nous répéter telle ou telle phrase :

- « Jésus, tu es vraiment présent dans cette hostie comme tu l'étais au milieu des apôtres. »
- « Jésus, tu t'es livré pour moi et tu me montres tes mains et ton côté. »
- « Jésus, c'est toi le premier qui m'as aimé. »

Mettons notre âme silencieuse et immobile sous le regard miséricordieux de Jésus, demandons-lui de nous guérir de toutes les fausses images que nous avons de Lui, et laissons nous attirer, reconstruire par Lui.

« *Pour ceux qui l'aiment et qui viennent après chaque indélicatesse Lui demander pardon en se jetant dans ses bras, Jésus tressaille de joie, il dit à ses anges ce que le*

18. *Dives in misericordia*, 13.
19. *Manuscrit C*, 36 v°.

père de l'enfant prodigue disait à ses serviteurs : "Revêtez-le de sa première robe, mettez-lui un anneau au doigt, réjouissons-nous." Ah ! mon frère, que la bonté, l'amour miséricordieux de Jésus sont peu connus !... Il est vrai que pour jouir de ces trésors, il faut s'humilier, reconnaître son néant, et voilà ce que beaucoup d'âmes ne veulent pas faire, mais, mon petit frère, ce n'est pas ainsi que vous agissez, aussi la voie de la confiance simple et amoureuse est bien faite pour vous[20]*...* »

20. Sainte Thérèse de Lisieux, Lettre 261, à l'abbé Bellière.

VII

Dieu est Père

INTRODUCTION

Lors de notre dernière rencontre, nous avons vu comment Jésus avait montré, par son sacrifice sur la croix, jusqu'où va la miséricorde de son Père. Notre contemplation peut donc maintenant rejoindre le cœur du Père. Nous apprendrons ainsi à vivre en fils et fille du Père.

« *Quand nous Le contemplons présent au Saint-Sacrement de l'autel, le Christ se fait proche de nous et plus intime à nous-mêmes que nous-mêmes ; il nous donne part à sa vie divine dans une union transformante et, par l'Esprit,* ***il nous ouvre l'accès au Père,*** *comme il le disait lui-même à Philippe : "Qui m'a vu a vu le Père" (Jn 14, 9) ... En honorant le Saint-Sacrement c'est aussi une profonde action de grâce que nous faisons monter* ***vers le Père,*** *car en son Fils il a visité et racheté son peuple. Par le Sacrifice de la croix, Jésus a donné la vie au monde et il a fait de nous des fils adoptifs, à son image,* ***établissant des relations d'une intimité particulière, qui nous permettent d'appeler Dieu de ce beau nom de Père***[1]. »

---

1. Jean-Paul II, Lettre à Mgr Houssiau, évêque de Liège, à l'occasion du 750e anniversaire de la Fête-Dieu, 28 mai 1996, dans *L'Osservatore Romano* des 10-11 juin 1996.

1. DIEU EST PÈRE.

1.1 Dieu est Père : le Père de Jésus et le nôtre.

Au cours des trois années qu'ils ont passées avec Jésus, ses disciples l'ont vu souvent se retirer à l'écart pour prier seul, la nuit ou tôt le matin. Voir son visage au long de la prière a éveillé dans leur cœur le désir d'apprendre à prier.

Saint Luc raconte : « *Et il advint, comme Jésus était quelque part à prier, quand il eut cessé, qu'un de ses disciples lui dit : Seigneur, apprends-nous à prier* » (Lc 11, 1). Mathieu, lui, rapporte la réponse de Jésus : « *Quand tu pries, retire-toi dans ta chambre, ferme sur toi la porte, et prie ton Père qui est là, dans le secret ; et ton Père, qui voit dans le secret te le rendra* » (Mt 6, 6).

Nous connaissons peut-être trop bien ces paroles pour en découvrir la force. Mais essayons de nous imaginer l'effet qu'elles ont eu sur les apôtres.

Ils savaient par les Psaumes et les prophètes que Dieu est « comme » un père. Par exemple dans le Psaume 103 [102] : « *Comme est la tendresse d'un père pour ses fils, tendre est le Seigneur pour qui le craint* » (Ps 103, 13), ou dans le prophète Osée : « *J'étais pour eux comme les parents qui soulèvent un nourrisson tout contre leur joue* » (Os 11, 4).

Or Jésus ne leur dit pas : « Prie ton *Dieu* qui est là », mais « *Prie ton Père qui est là* ». Ton Père ! Dieu n'est pas seulement **« comme »** un père, il **« est »** Père.

Bien plus, Jésus utilise le nom le plus intime que l'on pouvait donner à son père dans la langue araméenne : « *Abba* ». Appliqué à Dieu, cela peut paraître scandaleux pour un Juif. Et pourtant, c'est bien par ce nom que nous pouvons nommer Dieu ! Je peux l'appeler d'un nom aussi intime que « mon Père ».

Dieu est mon Père : quatre mots qui peuvent transformer radicalement toute notre vie, si nous apprenons à en vivre. Dieu est mon Père.

Avant d'aller plus loin, prenons conscience combien nous sommes marqués par l'expérience que nous avons de notre père terrestre. Cette expérience peut être très bonne – si notre père nous était présent, si nous pouvions lui parler, discuter avec lui de nos problèmes, s'il nous encourageait... ; mais elle peut-être blessée, douloureuse : un père très sévère, distant, faible de caractère..., peut-être même absent, à cause de son décès, d'un divorce, ou tout simplement à cause d'un travail trop absorbant. Certains parmi nous peuvent donc avoir une image négative de la paternité... Or, naturellement, nous projetons sur Dieu l'image de la paternité que nous avons reçue de notre père de la terre...

La paternité de Dieu est constitutive de la religion chrétienne. En effet, étymologiquement, le mot « religion » signifie la reconnaissance d'un « lien » qui unifie, organise, donne sens à l'existence. Dans la foi chrétienne nous ne sommes pas reliés à une idée, à une idéologie ou à une représentation diffuse d'un dieu lointain. Nous sommes reliés à la personne du Père, par le Fils, dans l'Esprit Saint. Il s'agit d'un lien existentiel de personne à personne, d'une relation de cœur à cœur.

Demandons-nous donc : Si Dieu est mon père, qu'est-ce que j'attends de lui en tant que père ? Tout homme, même inconsciemment, même s'il a refoulé ce désir à cause de ses expériences négatives, a en lui **le désir profond d'avoir un père qui l'aime et qui soit présent à lui, pour lui.**

Le témoignage de paternité que nous a donné le pape Jean-Paul II en est un bon indice. Pensons à tous ces jeunes rassemblés pour les Journées mondiales de la jeunesse, mais aussi à ces foules présentes lors de ses obsèques. Beaucoup reconnaissaient en Jean-Paul II un amour paternel attentif à chacun.

Mais le pape témoignait que son secret était dans la prière. Il montrait ainsi qu'il n'était qu'un reflet « *du Père de qui toute paternité au ciel et sur la terre tire son nom* » (Ep 3,14). Un reflet magnifique, certes, mais seulement un reflet.

Si un homme empli de l'amour de Dieu a pu répondre à ce point aux attentes fondamentales de tout homme, combien plus Celui qui donne son nom à toute paternité et que nous verrons un jour face à face, peut-il combler notre soif d'être aimé !

1.2 Le Père nous aime.

Le désir le plus profond de l'homme, c'est d'être aimé. Nous voulons être précieux aux yeux de notre père, nous voulons qu'il nous remarque, qu'il nous estime, qu'il nous accueille tels que nous sommes.

Dieu répond à ce désir profond : « *Pour ta rançon j'ai donné l'Égypte, Kush et Séba à ta place.* ***Car tu comptes beaucoup à mes yeux, tu as du prix et je t'aime.*** *Ne crains pas, car je suis avec toi* » (Is 43, 3-5).

Ces mots, il nous les dit personnellement aujourd'hui : « *Tu comptes beaucoup à mes yeux, tu as du prix et je t'aime.* » Nous avons un tel prix aux yeux de notre Père du ciel qu'Il a non seulement donné l'Égypte pour nous, il nous a donné sa propre vie en son Fils bien-aimé : « *Dieu a tant aimé le monde qu'Il a donné son Fils unique* » (Jn 3, 16).

Souvent nous avons l'impression que notre entourage ne nous accepte que si nous jouons le rôle qu'il attend de nous. Mais notre désir profond est d'être aimés sans condition, tels que nous sommes. Or Dieu nous aime ainsi. Car c'est Lui qui nous a créés : « *C'est toi qui m'as formé les reins, qui m'as tissé au ventre de ma mère. Je te rends grâce pour la merveille que je suis* » (Ps 139 [138], 13-14). Il nous comprend sans que nous ayons besoin de tout lui expliquer : « *Seigneur, tu me sondes et me connais ; que je me lève ou m'assoie, tu le sais, tu perces de loin mes pensées. Mes chemins te sont tous familiers. La parole n'est pas encore sur ma langue, et voici, Seigneur, tu la sais tout entière* » (Ps 139 [138], 1-4). Nous pouvons demeurer en sa présence sans nous cacher derrière de nombreuses paroles. Il connaît nos joies et nos soucis. Il sait ce qui nous fait mal et ce qui nous rend heureux. Nous pouvons être sûrs qu'Il nous comprend.

1.3 Le Père est toujours avec nous.

Si nous découvrons que Dieu, notre Père, nous aime, nous désirons qu'il soit auprès de nous.

Or justement la parole de Jésus répond à cette attente : « *Quand tu pries, retire-toi dans ta chambre, ferme sur toi la porte, et prie* ***ton Père qui est là,*** *dans le secret ; et ton Père, qui voit dans le secret te le rendra* » (Mt 6, 6). Cette chambre, cet endroit secret où le Père nous attend, est en nous : c'est notre âme. Dieu n'est pas un père inaccessible dans son ciel. Il est tout proche, **il est en nous.**

La prière chrétienne ne consiste pas à faire le vide en soi ; le priant descend en lui-même pour y rencontrer le Père qui est là, dans cette chambre secrète qu'est son âme.

Jésus l'exprime ainsi dans Saint Jean : « *Je suis en mon Père et vous en moi et moi en vous* » (Jn 14, 20), et « *Si quelqu'un m'aime, il gardera ma parole, et mon Père l'aimera et nous viendrons vers lui et nous nous ferons une demeure chez lui* » (Jn 14, 23).

Peut-il y avoir intimité plus grande entre un père et son enfant ? La bienheureuse Élisabeth de la Trinité disait que quand on sait que le Père, le Fils et l'Esprit Saint demeurent en nous, on ne peut plus se sentir seuls.

1.4 Le Père ne nous abandonne jamais.

Nous attendons d'un père qu'il ne nous laisse jamais tomber, qu'il ne nous oublie pas et que nous soyons en sécurité auprès de lui.

Le psychothérapeute Yves Boulvin a raconté dans une interview une expérience décisive pour sa vie : « *Ma vie a changé, un jour, parce que je portais l'une de mes filles, toute petite, contre moi dans un kangourou. Je marchais au bord d'une route. Un poids lourd nous a doublés. J'ai senti ce petit être se recroqueviller et je l'ai serré contre moi. Il était vulnérable, il avait confiance en moi. J'ai réalisé que j'étais vulnérable moi aussi et que j'avais à me serrer contre Dieu, à son exemple*[2]. »

N'avons-nous pas parfois l'impression de vivre comme si nous n'avions aucun soutien, personne à qui nous raccrocher, comme si nous pouvions à chaque instant tomber dans le vide ? Un tel sentiment entraîne de grandes angoisses. Avec pour conséquence une recherche parfois désespérée pour se raccrocher à des êtres humains ou à des biens matériels !...

Parfois, lors d'épreuves douloureuses, nous avons l'impression que Dieu nous a complètement oubliés, que nous sommes comme orphelins... Le peuple d'Israël a vécu cette impression et s'en est plaint : « *Sion avait dit : Le Seigneur m'a abandonnée; le Seigneur m'a oubliée* » (Is 49, 14). Alors le Seigneur lui répond : « *Une femme oublie-t-elle son petit enfant... ? Même si les femmes oubliaient, moi, je ne t'oublierai pas. Vois, je t'ai gravée sur les paumes de mes mains* » (Is 49, 15-16).

2. *Famille chrétienne*, n° 1413.

Par ses mains transpercées, Jésus nous a montré à quel point cela est vrai : nous sommes gravés dans les paumes de ses mains ! Dieu ne nous abandonne pas, Il s'occupe de nous : « *Dieu lui-même a dit : Je ne te laisserai ni ne t'abandonnerai. C'est pourquoi nous pouvons dire avec assurance : Le Seigneur est mon secours ; je ne craindrai pas. Que peut me faire un homme ?* » (He 13, 5-6.) Dieu ne nous laissera pas et Il ne nous abandonnera pas, de quoi aurions-nous crainte ?

« *N'ayez pas peur* », voilà les premiers mots du pape Jean-Paul II au jour de son élection. Paroles toujours d'actualité.

1.5 Le Père nous éduque.

Ce dont un enfant a sans cesse besoin, c'est de recevoir de son père l'éducation qui l'aidera à grandir, à devenir un homme, à accomplir sa mission d'homme.

C'est ainsi qu'en un sens encore plus profond, Dieu est un Père qui veut notre bien, et qui, pour cela, nous éduque. Sa Providence fait « *tout servir à notre bien* » : les temps de joie comme les temps de peines, les « *épreuves* » par lesquelles il nous « *corrige* » (He 12, 7-11), les béatitudes par lesquelles il nous comble pour que « *notre joie soit parfaite* », bref, tous les événements de notre vie sont des occasions par lesquelles Dieu nous « *affine comme l'or au creuset* ». Nous ne nous en rendons pas toujours compte immédiatement, mais si nous sommes attentifs, si nous réfléchissons, nous finissons souvent par réaliser qu'à travers une joie ou une épreuve, Dieu nous a éduqués, nous a aidés à développer une qualité ou à dépasser un défaut. Et ainsi, nous sommes devenus plus adultes, plus fils et filles de Dieu, plus aptes à participer à son œuvre.

1.6 Le Père nous donne un avenir.

Parmi les craintes que nous pouvons avoir, il y a la peur de l'avenir : nous avons besoin de sécurité.

Par la bouche de Jérémie, Dieu nous promet : « *Je sais, moi, les desseins que je forme pour vous, oracle du Seigneur, des desseins de paix et non de malheur, pour* ***vous donner un avenir et une espérance.*** *Vous m'invoquerez et vous viendrez, vous me prierez et je vous écouterai. Vous me chercherez et vous me trouverez, car vous me chercherez de tout votre cœur. Je me laisserai trouver par vous.* » (Jr 29, 11-13)

Même si nous sommes actuellement dans une situation qui nous paraît désespérée, nous sommes dans la main du Père. Il peut ouvrir devant nous des passages auxquels nous n'aurions jamais pensé. Dans la prière, disons-lui avec foi : « Père, je ne vois pas de solution pour l'instant, mais j'ai confiance en toi. Je remets mon avenir entre tes mains, j'espère en toi. »

1.7 Le Père nous console.

Le désir d'un enfant, c'est aussi que son père le console.

N'est-ce pas aujourd'hui encore notre désir à nous aussi, quel que soit notre âge ? Saint Paul nous dit : "*Béni soit le Dieu et Père de notre Seigneur Jésus Christ, le Père des miséricordes et le Dieu de toute consolation, qui nous console dans toute notre tribulation, afin que, par la consolation que nous-mêmes recevons de Dieu, nous puissions consoler les autres en quelque tribulation que ce soit* » (2 Co 1, 3-4).

Dieu est un Père qui connaît notre détresse. Nous pouvons nous appuyer sur Lui dans tous nos chagrins et nous faire consoler par Lui. Il nous suffit de venir à Lui.

1.8 Le Père nous fortifie et nous reconstruit.

Non seulement Dieu nous console, mais il nous fortifie. Il est un Père qui reconstruit son enfant. « *D'un amour éternel je t'ai aimée, aussi t'ai-je maintenu ma faveur. De nouveau je te bâtirai et tu seras rebâtie* » (Jr 31, 3-4).

Peut-être avons-nous fait l'expérience auprès de notre père de la terre de consolation sans suite, notre père ne nous ayant pas fait confiance ensuite à la mesure de nos attentes.

Dieu notre Père nous console, mais il n'en reste pas là. Il nous reconstruit. Il nous fait confiance. « *Sa gloire, c'est que nous portions beaucoup de fruit* » (Jn 15, 8). Il fait de nous non seulement les bénéficiaires, mais les protagonistes de son plan d'amour sur les hommes : il nous fait participer en Jésus à la construction de son Règne.

Jésus disait à ses disciples : « *Celui qui croit en moi fera, lui aussi, les œuvres que je fais ; et il en fera même de plus grandes, car je vais vers le Père* » (Jn 14, 12). Jésus nous dit que le Père nous sait capables de faire des œuvres encore plus grandes que les siennes. Par exemple : Jésus n'a prêché l'Évangile qu'en Israël tandis que ses disciples sont allés jusqu'à Rome, jusqu'en Inde même. Quant au pape, par une seule retransmission télévisée du Vatican, il rejoint des millions de personnes. Et Dieu nous donne la force pour faire ces œuvres comme le dit saint Paul : "*La puissance de Dieu agissant en nous est capable de faire bien au-delà, infiniment au-delà de tout ce que nous pouvons demander ou concevoir* » (Ep 3, 20).

1.9 Le Père nous pardonne.

Quand j'ai commis une faute, voire une faute grave, j'attends de mon père qu'il me pardonne, qu'il me redonne ma chance. Lors de notre dernière rencontre, nous avons vu Jésus le faire avec le bon larron et avec ses disciples...

Jésus nous montre dans la parabole du fils prodigue comment notre Père du ciel nous pardonne. Nous connaissons tous cette histoire d'un père et de ses deux fils. Le plus jeune exige de lui sa part d'héritage, s'en va, dépense tout son argent puis revient chez son père, car il meurt de faim. Il sait qu'il a perdu tous ses droits de fils. Mais il se met en route. Alors, « *tandis qu'il était encore loin, son père l'aperçut et fut pris de pitié ; il courut se jeter à son cou et l'embrassa tendrement.* » Le père ne veut même pas entendre les excuses de son fils ; il « *dit à ses serviteurs : "Vite, apportez la plus belle robe, et l'en revêtez... Mangeons et festoyons, car mon fils que voilà était mort et il est revenu à la vie ; il était perdu et il est retrouvé !"* » (Lc 15, 17-24.) Il ne fait pas un seul reproche à son fils. Il le prend dans ses bras et **l'enveloppe de son amour.**

Notre Père est toujours prêt à nous pardonner, mais Il ne veut pas nous imposer son amour. Alors Il nous supplie de revenir vers Lui. Nous entendons cet appel chaque année au Mercredi des Cendres pour commencer le Carême, ce temps préparatoire à la fête de Pâques : « *Au nom du Christ, nous vous le demandons, laissez-vous réconcilier avec Dieu !* » (2 Co 5, 20.)

En nous révélant Dieu comme notre Père, Jésus nous fait cette demande. La prière qu'il nous enseigne est donc notre réponse à l'amour de notre Père.

2. LE NOTRE PÈRE : LA PRIÈRE DE JÉSUS À SON PÈRE

Dans le discours d'adieu à ses disciples, Jésus leur a dit : « ***Il faut*** *que le monde reconnaisse que j'aime le Père et que je fais comme le Père m'a commandé* » (Jn 14, 31).

Le Cœur de Jésus brûle du désir que nous connaissions l'amour de son Père et Il veut nous entraîner à sa suite dans son propre amour pour son Père.

Lorsque nous adorons Jésus, à la maison ou dans l'Eucharistie, il nous invite à venir avec confiance pour « *reposer avec lui sur le cœur du Père* » (Jn 1, 18).

Reposer sur le cœur du Père et l'écouter : c'est l'exemple que Jésus nous a donné. Chaque jour il se retirait, seul, pour parler dans un cœur à cœur avec son Père. Et quand ses disciples ont demandé à Jésus de leur apprendre à prier, il leur a appris le Notre Père.

En leur apprenant **sa** prière, ses mots d'amour pour son Père, Jésus a déposé en leur cœur et dans le nôtre **sa** propre prière. Saint Paul nous dit en effet que lorsque dans notre prière nous disons « *Abba, Père* », l'Esprit Saint, l'Esprit de Jésus, se joint à notre esprit (Rm 8, 15-16).

Des livres entiers ont été écrits sur le Notre Père. Nous ne donnerons ici que quelques pistes. Le Notre Père est la prière chrétienne par excellence, elle contient toutes les formes de prière : l'adoration et la louange, la demande et le pardon.

2.1 L'adoration et la louange

« *Que ton Nom soit sanctifié, que ton Règne vienne, que ta volonté soit faite.* »

Jésus est en émerveillement perpétuel devant son Père, dans une louange qui emplit tout son être. « *Je te bénis, Père, Seigneur du ciel et de la terre, d'avoir caché cela aux sages et aux intelligents et de l'avoir révélé aux tout-petits. Oui, Père, car tel a été ton bon plaisir. Tout m'a été remis par mon Père, et nul ne connaît le Fils si ce n'est le Père, et nul ne connaît le Père si ce n'est le Fils et celui à qui le Fils veut bien le révéler* » (Mt 11, 25-27).

Jésus désire de toutes ses forces que le Règne de son Père arrive, Règne de justice et de paix. Pour cela sa joie est de faire la volonté du Père… jusqu'au bout, quoi qu'il en coûte. Or quelle était cette volonté du Père sur Jésus ? « *C'est la volonté de mon Père que je ne perde aucun de ceux qu'il m'a donnés mais que je le ressuscite au dernier jour* » (Jn 6, 39).

Pour pouvoir accomplir cette volonté, Jésus a appris l'obéissance : « *Père, si tu veux, éloigne de moi cette coupe ! Cependant que ce ne soit pas ma volonté, mais la tienne qui se fasse !* » (Lc 22, 41-42.) Vivre pour nous cette demande signifie concrètement renoncer à notre volonté propre pour faire celle du Père. Souvent cela nous fait peur, comme si quelque chose de terrible nous attendait. Pourtant la volonté du Père renvoie à son projet d'un Règne de justice et de paix, à la promesse de bonheur qu'il veut comme un Père pour tous ses enfants, et moi le premier !

La louange chasse la fausse image que nous avons du Père, nous fait entrer dans la confiance. Sainte Thérèse de Lisieux disait : « *C'est la confiance et rien que la confiance qui doit nous conduire à l'amour*[3]. » Demandons à Jésus de nous faire grandir dans la confiance en notre Père. Avec lui, nous pourrons redire de plus en plus de tout notre cœur : « *Père, que ta volonté soit faite !* »

2.2 La demande

« *Donne-nous aujourd'hui notre pain de ce jour, ne nous soumets pas à la tentation, mais délivre-nous du mal.* »

Jésus attend tout, absolument tout de son Père, dans un abandon et une confiance sans limites.

---

3. Lettre 197, à sœur Marie du Sacré-Cœur.

Il en attend le pain matériel mais aussi le pain spirituel pour chaque jour. Il a tellement confiance dans son Père, qu'Il ne lui demande pas de réserves de pain ; sa demande est pour aujourd'hui. « *Rien que pour aujourd'hui* », tel est aussi le refrain d'un poème de Thérèse.

Nous avons entendu Dieu promettre : « *Je ne te laisserai ni ne t'abandonnerai* » (He 13, 6) et aussi : « *Je veux vous donner un avenir et une espérance* » (Jr 29, 11). Nous ne sommes pas suspendus dans le vide. Nous sommes portés par Dieu, il nous porte contre son cœur. Faisons-lui confiance, attendons tout de Lui. Choisissons librement de dépendre de Lui comme Jésus lui-même dépendait entièrement de son Père. Si nous essayons, nous verrons des merveilles !

2.3 Le pardon

« *Pardonne-nous nos offenses, comme nous pardonnons aussi, à ceux qui nous ont offensés.* »

La première réponse que nous puissions donner à l'amour miséricordieux de notre Père, c'est de venir et d'accueillir ce pardon. Rappelons-nous les paroles de Thérèse de Lisieux : « *Oui je le sens, quand même j'aurais sur la conscience tous les péchés qui se peuvent commettre, j'irais, le cœur brisé de repentir, me jeter dans les bras de Jésus, car* ***je sais combien il chérit*** *l'enfant prodigue qui revient à Lui.* » Jésus a pris sur lui tous nos péchés, Il s'est « *fait péché* » (2 Co 5, 21) afin de « *nous justifier* » (Rm 8, 29-30), pour pouvoir ramener tous ses frères et sœurs à son Père, afin que sa joie et celle du Père soient parfaites.

Faisons comme le fils prodigue, « *entrons en nous-mêmes* » et reconnaissons humblement que nous sommes pécheurs ; puis, tenant la main de Jésus, revenons vers notre Père. Nous pouvons vivre cela chaque fois que nous nous confessons. Chaque confession est comme un retour à la maison, un retour chez notre Père. Nous nous réfugions dans les bras du Père, nous nous laissons envelopper par son amour, et le prêtre nous dit au nom de Dieu : « *Je te pardonne tous tes péchés.* » Il pourrait ajouter : « *Venez, festoyons, car l'enfant que voilà était perdu, et il est retrouvé.* »

Si nous demandons vraiment à Dieu de tout notre cœur de nous pardonner, non seulement il nous pardonnera, mais en plus il nous rendra capables d'être miséricordieux à notre tour. Remplis de reconnaissance pour la miséricorde de notre Père, nous serons nous-mêmes plus capables de pardonner à nos frères et sœurs.

Nous pourrions résumer ce passage par ces paroles de Jésus à sœur Faustine : « *Les grâces de ma miséricorde se puisent à l'aide d'un unique moyen – et c'est la confiance. Plus sa confiance est grande, plus l'âme reçoit. Les âmes d'une confiance sans borne me sont une grande joie, car je verse en elles le trésor entier de mes grâces. Je me réjouis qu'elles demandent beaucoup, car mon désir est de donner beaucoup et de donner abondamment*[4]. » « *Dis, ma fille, que je suis l'amour et la miséricorde même. Quand l'âme s'approche de moi avec confiance, je la comble de tant de grâces qu'elle ne peut les contenir toutes et qu'elle rayonne sur les autres âmes*[5]. »

3. LA PLACE DU PÈRE DANS L'ADORATION EUCHARISTIQUE. CONSEILS PRATIQUES POUR L'ADORATION

Lors de l'adoration eucharistique, Jésus Eucharistie est réellement présent au milieu de nous. Avec lui nous pou-

---

4. *Petit Journal*, 1578.
5. *Ibid.*, 1074.

vons contempler l'amour du Père. Demandons-lui de nous apprendre à prier le Père.

L'adoration eucharistique est le prolongement de la célébration eucharistique. Pendant la messe nous prions toujours le Père par Jésus (« *par lui, avec lui et en lui, à toi, Dieu le Père tout puissant...* »). Quand nous prions devant le Saint-Sacrement, nous prions Jésus, mais comme à la messe, nous prions aussi le Père « par Jésus, avec Jésus et en Jésus ». Jésus a dit : « *Je suis dans le Père et le Père est en moi* » (Jn 14,10). Là où est Jésus, le Père est là, et là où sont le Père et Jésus, l'Esprit Saint est présent.

La porte d'entrée de toute prière, c'est la foi. Je crois que les Paroles de l'Écriture sont vraies. Je prends la décision de croire que le Père est là, qu'Il m'aime, qu'Il me console, me pardonne et me reconstruit, comme me le dit l'Écriture. La plupart du temps nous ne ressentirons pas cette présence, mais nous la reconnaîtrons aux fruits qui découleront de notre prière.

Quand nous adorons Jésus dans l'hostie, nous pouvons essayer de nous représenter dans la foi avec quel amour il regarde le Père et avec quel amour le Père regarde Jésus :

- Regardons le Père, comme Jésus le regarde ; disons-lui avec Jésus : « Père, Abba ! »
- Regardons maintenant Jésus, comme le Père le regarde ; et disons-lui : « Jésus ! »
- Laissons nous envahir par ces deux mots qu'échangent Jésus et son Père ; répétons-les doucement, aussi souvent que nous le voulons : « Abba ! Jésus ! » ou bien « Père ! Jésus ! »
- Nous pouvons prier lentement un Notre Père avec Jésus, à l'exemple de Thérèse de Lisieux : « *Quelquefois, lorsque mon esprit est dans une si*

grande sécheresse qu'il m'est impossible d'en tirer une pensée pour m'unir au bon Dieu, je récite très lentement un Notre Père ... Alors ces prières me ravissent. Elles nourrissent mon âme bien plus que si je les avais récitées précipitamment une centaine de fois[6]. »

- Nous pouvons essayer de nous représenter le Père qui est là et qui nous attend les bras grands ouverts. Jésus nous prend par la main et nous mène vers son Père.

Écoutons les paroles que le Père nous a déjà dites lors de notre baptême et qu'il nous redit chaque jour : « *Tu es mon fils (ma fille) bien-aimé(e)* » (cf. Mt 3, 17).

Faisons silence et laissons Jésus agir en nous pendant que nous contemplons l'hostie. Le pape a écrit que « *Jésus incarne et personnifie la miséricorde. En lui, Dieu devient visible comme le Père riche en miséricorde*[7]. » Et un jour Jésus a dit à sœur Faustine : « *Par toi, comme par cette Hostie, les rayons de la miséricorde passeront sur le monde*[8]. » Quand nous regardons Jésus dans l'Eucharistie, nous contemplons la miséricorde du Père.

Faisons silence ! Laissons nous pénétrer des rayons de la miséricorde. Elle nous transformera. Jésus nous dit : « Regarde, je suis là dans l'Eucharistie. Par ma présence, le Père répand les rayons de sa miséricorde sur toi. Viens, je suis avec toi, je t'accompagne. Viens avec moi, et reçois du Père les forces dont tu as besoin pour accomplir la mission qu'il t'a donnée. Viens avec moi, pour qu'ensemble nous reposions sur le cœur de notre Père » (cf. Jn 1, 18).

---

6. *Manuscrit C*, 25 v°.
7. *Dives in misericordia*, 2.
8. *Petit Journal*, n° 441.

VIII

L'Esprit Saint

INTRODUCTION

Parvenus au huitième chapitre, il est temps de parler de Celui qui est l'âme, le souffle de la prière : l'Esprit Saint.

C'est dans l'Esprit Saint que nous sommes baptisés : « *dans l'Esprit saint et dans le feu* » (Lc 3, 16), « *au nom du Père et du Fils et du Saint-Esprit* » (Mt 28, 19). À chaque signe de croix, nous le nommons. Mais il est si discret que nous pensons moins à lui qu'au Père ou à Jésus !

Pourtant, sans l'Esprit Saint nous ne serions pas ici, car sans Lui l'Église n'existerait plus depuis longtemps. Sans Lui, les sacrements seraient de simples symboles, et l'hostie ne serait qu'un bout de pain qu'il serait bien vain d'adorer !

1. QUI EST L'ESPRIT SAINT ?

1.1 L'Esprit Saint est la Personne-don.

Dans le Credo, nous affirmons notre foi en « *l'Esprit Saint qui est Seigneur et qui donne la vie, qui procède du Père et du Fils, et qui, avec le Père et le Fils, reçoit même adoration et même gloire* ». Nous disons aussi qu'« *Il a parlé par les prophètes* ».

Dans l'Ancien Testament l'Esprit de Dieu nous est décrit comme le « *souffle* » de Dieu, un « souffle vital » surnaturel qui donne la vie (Gn 2, 7 ; Ez 37, 9). Dans le livre du prophète Isaïe, il est présenté comme un « don » pour la personne du Messie (Is 11, 2 ; 42, 1)...

Mais, lors de son discours d'adieu à ses disciples, Jésus leur révèle que l'Esprit Saint n'est pas seulement un souffle divin, ou un don fait à une personne, mais qu'Il est une personne, qu'il est « **la Personne-don**[1] ».

L'Esprit Saint n'est pas seulement une force ou un don, mais avant tout, il est une personne à aimer, comme nous aimons le Père et le Fils ! D'une personne réputée pour sa gentillesse, on dit qu'elle est « *la gentillesse en personne* » ! Eh bien, dans la Trinité, l'Esprit Saint est « le don en personne », il est « l'amour en personne ».

Dans la Trinité, le Père se donne entièrement par amour à son Fils, il ne garde rien pour lui et le Fils se reçoit entièrement du Père et se redonne à lui sans réserve. Cet échange d'amour entre le Père et le Fils, ce don réciproque qu'ils se font d'eux-mêmes, c'est la personne du Saint-Esprit.

Avez-vous déjà été follement amoureux ? Ou bien avez-vous déjà tenu votre enfant nouveau-né dans vos bras ? Avez-vous été saisis de bonheur à la vue d'un paysage époustouflant ou à l'écoute d'un morceau de musique beau à pleurer ? Dans chacune de ces expériences, nous vivons l'amour sensible comme un feu brûlant au cœur. Cet amour est en même temps élan et plénitude...

Combien plus cela est-il vrai de l'Esprit Saint, vrai feu d'amour brûlant : selon les mots de la prière du *Veni Creator* : « *Il est le feu, l'amour, la source vive.* » Un feu dont nous ne pouvons pas imaginer la chaleur !

---

1. Cf. *Dominum et vivificantem*, 22.

À chaque Eucharistie le prêtre s'adresse à Dieu le Père et lui demande d'envoyer son Esprit sur le pain et le vin : « *Toi qui es vraiment saint, toi qui es la source de toute sainteté, nous te prions : Sanctifie ces offrandes en* ***répandant sur elles ton Esprit ;*** *qu'elles deviennent pour nous le corps et le sang de Jésus, le Christ, notre Seigneur*[2]. » Chaque fois, ce feu d'amour vient sur les offrandes ; il leur donne de devenir le corps et le sang de Jésus vivant, « *la Chair du Christ ressuscité vivifiée par l'Esprit et vivifiante*[3] ».

Souvent nous communions au corps de Jésus comme si nous recevions une chose inerte. Or c'est Jésus vivant que nous recevons, Jésus ressuscité, brûlant d'amour pour nous. Quand nous avons communié, il continue de brûler en nous et nous transforme en son feu.

Saint Éphrem écrivait : « *Jésus appela le pain son corps vivant, il le remplit de lui-même et de son Esprit ... Et celui qui le mange avec foi mange le Feu et l'Esprit ... Prenez-en, mangez-en tous, et mangez avec lui l'Esprit Saint*[4]. » Recevoir l'Eucharistie, c'est recevoir le Feu et l'Esprit !

1.2 L'Esprit Saint dans l'Ancien Testament

Dans l'Ancien Testament, l'Esprit de Dieu n'est pas encore révélé comme une personne, l'Esprit Saint, mais comme une force de Dieu à l'œuvre.

Ainsi il apparaît dès les premiers mots de la Bible : « *Au commencement Dieu créa le ciel et la terre et l'Esprit de Dieu (ruah Elohim) planait sur les eaux* » (Gn 1, 1). Chaque fois que Dieu fait le don de l'existence par

---

2. Prière eucharistique II.
3. CEC 1392.
4. *Ecclesia de Eucharistia*, 17.

sa Parole, l'Esprit est présent. Comme le dit le Credo : l'Esprit Saint « *donne la vie* ». Toute chose créée reçoit la vie par l'Esprit de Dieu; tout particulièrement dans l'homme et la femme crées à l'image de Dieu, on peut reconnaître « *le premier commencement du don que Dieu fait de lui-même pour le salut*[5] ».

Plus tard, nous voyons l'Esprit à l'œuvre chez certaines personnes, comme Moïse ou David; il leur donne les dons dont ils ont besoin en vue d'une mission précise.

Au cours de l'histoire d'Israël, Dieu a annoncé plusieurs fois la venue de son Esprit par la bouche des prophètes : Isaïe, Jérémie, Ézéchiel, et enfin dans Joël cette promesse : « *Je répandrai mon Esprit sur toute chair !* » (Jl 3, 1).

1.3 L'Esprit Saint dans le Nouveau Testament

Dans le Nouveau Testament, nous sommes témoins de l'action puissante de l'Esprit Saint : chaque fois c'est la joie, la jubilation : Marie, Élisabeth, Siméon et enfin Jésus.

Lors de son baptême, nous voyons « *l'Esprit descendre sur lui* » (Lc 3,22). Puis il « *retourne en Galilée avec la puissance de l'Esprit* » (Lc 4, 14).

Lors de son discours d'adieu, Jésus annonce à ses apôtres la venue de l'Esprit Saint : « *Je prierai le Père, et il vous donnera un autre Paraclet pour qu'il soit avec vous à jamais, l'Esprit de vérité ... Il vous enseignera tout et vous rappellera tout ce que je vous ai dit* » (Jn 14, 16.26).

Enfin, le soir de Pâques, Jésus donne l'Esprit aux apôtres en soufflant sur eux : « *Recevez l'Esprit Saint* » (Jn 20, 22) ; en eux et par eux, l'Esprit continue sa mission.

---

5. *Dominum et vivificantem*, 12.

1.4 La Pentecôte

Ce don de l'Esprit dans le secret du Cénacle le soir de Pâques, est renouvelé au grand jour à la Pentecôte.

Alors que les Apôtres étaient réunis avec Marie, « *ils virent apparaître des langues qu'on eût dites de feu : elles se partageaient, et il s'en posa une sur chacun d'eux. Tous furent alors remplis de l'Esprit Saint… et proclamaient en d'autres langues les merveilles de Dieu* » (Ac 2, 1-4.11). Le même Esprit se partage sur chacun de ceux qui sont là. Un seul Esprit, un seul Dieu, qui donne sa part à chacun parce que chacun est aimé personnellement ; chacun recevra de lui les dons spécifiques pour son propre épanouissement, pour le bien de l'Église et des autres.

Le premier effet de cette effusion de l'Esprit à la Pentecôte est un renouvellement intérieur ; une compréhension nouvelle, instantanée, de tout ce qui s'est passé précédemment leur est donnée. Ce que Jésus avait enseigné à ses apôtres et qu'ils n'avaient pas compris, l'Esprit Saint vient le leur faire comprendre. Cela les remplit de joie, et ils proclament les merveilles de Dieu. C'est un éclatement de louange, de jubilation. Ils sont ivres de joie.

« *Eux qui après le départ de Jésus avaient le sentiment d'être restés orphelins, voilà que par la venue de l'Esprit Saint ils se sont sentis pleins de force et aptes à accomplir la mission qui leur avait été confiée*[6]. »

Pierre, paralysé par la peur pendant les événements de la Passion, est transformé instantanément. Le voilà dehors, debout avec les Onze, et il élève la voix. Et il ose « *proclamer ce qu'il n'aurait certainement pas eu le courage de dire auparavant*[7] ». Il interpelle directement les

6. *Ibid.*, 25.
7. *Ibid.*, 30.

auditeurs : « *Hommes d'Israël, prêtez l'oreille à mes paroles. Ces gens ne sont pas ivres. Mais c'est bien ce qu'a dit le prophète : En ces jours-là je répandrai de mon Esprit sur toute chair...* » Ensuite, Pierre répète toute la prophétie de Joël et il ajoute : « *Hommes d'Israël, écoutez ces paroles. Jésus le Nazaréen, vous l'avez pris et fait mourir en le clouant à la croix..., mais Dieu l'a ressuscité, ce Jésus, et nous en sommes tous témoins. Et maintenant, exalté par la droite de Dieu, il a reçu du Père l'Esprit Saint, objet de la promesse, et l'a répandu. C'est ce que vous voyez et entendez... Que toute la maison d'Israël le sache donc avec certitude : Dieu l'a fait Seigneur et Christ, ce Jésus que vous, vous avez crucifié.* »

Luc montre le fruit de cette prédication dans l'Esprit Saint : « *D'entendre cela,* ***ils eurent le cœur transpercé*** *et ils dirent à Pierre et aux apôtres : "Que devons-nous faire ?" Pierre leur répondit : "Repentez-vous et que chacun de vous se fasse baptiser au nom de Jésus Christ pour la rémission de ses péchés, et* ***vous recevrez alors le don du Saint-Esprit*** *" ... Eux donc, accueillant sa parole, se firent baptiser. Il s'adjoignit ce jour-là environ trois mille âmes* » (Ac 2, 14-41).

Quand l'Esprit Saint s'empare de quelqu'un, il ne fait pas les choses à moitié. Jésus avait prédit aux apôtres qu'ils feraient des œuvres encore plus grandes que les siennes. Par la Parole de Dieu proclamée par Pierre et par l'action de l'Esprit Saint, 3000 personnes se convertissent d'un coup ! Et comme l'a annoncé Pierre, chaque baptisé reçoit le don du Saint-Esprit.

1.5 Le baptême

Nous, nous avons été baptisés sans avoir eu auparavant « *le cœur transpercé* » ! Mais cela n'empêche pas que nous ayons reçu le même don que les apôtres. De plus, la confirmation a déployé ce don.

« *Ce don est l'Esprit Saint grâce auquel* ***la vie divine*** *que le Père a en lui et qu'il donne à son Fils se trouve* ***communiquée à tous les hommes qui sont unis au Christ***[8]. »

Au baptême l'Esprit Saint nous communique la vie divine et fait de nous des enfants de Dieu, des enfants du roi, comme le dit si bien le titre d'un livre de Jean Pliya[9].

Au baptême, nous avons également reçu de l'Esprit Saint la « *grâce sanctifiante* » qui nous rend capables de vivre en enfants de Dieu, nous fait le don de la foi, de l'espérance et de l'amour[10].

Tout nous a été donné. C'est ce que dit le père à son fils aîné dans l'histoire du fils prodigue : « *Mais toi, mon enfant, tu es toujours avec moi et* ***tout ce qui est à moi est à toi !*** » (Lc 15, 31.) Et le Père nous le redit à nous, baptisés, aujourd'hui :

- « Je suis toujours avec toi. »
- « Tout ce qui est à moi est à toi ! »

Or nous vivons souvent comme des domestiques dans la maison de notre Père ; nous n'accueillons pas les dons qui nous sont offerts. Comme un cadeau que nous laisserions dans le placard sans l'ouvrir !

- Notre Père est toujours avec nous, et nous le laissons seul dans notre cœur ; nous vivons comme des orphelins !
- Nous avons reçu la foi, mais nous ne la mettons pas en pratique,

---

8. *Redemptor hominis*, 20.
9. Jean Pliya, *Prier comme un enfant de roi*, éd. F.-X. de Guibert.
10. CEC 1266.

- Nous avons reçu l'espérance, mais nous ne regardons pas vers le ciel,
- Nous avons reçu l'amour, mais nous barricadons notre cœur qui devient de pierre…

Or la foi ne produira des fruits que si nous y adhérons, l'espérance si nous la pratiquons et l'amour si nous en vivons.

Connaissez-vous cette promesse de Dieu transmise par le prophète Ézéchiel ? : « *Je répandrai sur vous* ***une eau pure*** *et vous serez purifiés… Je vous donnerai un cœur nouveau, je mettrai en vous un esprit nouveau, j'ôterai de votre chair le cœur de pierre et* ***je vous donnerai un cœur de chair.*** *Je mettrai* ***mon Esprit*** *en vous et je ferai que vous marchiez selon mes lois. Vous serez mon peuple et moi je serai votre Dieu* » (Ez 36, 25-27).

L'eau pure, c'est celle du baptême qui nous a purifiés.

Mais où est le cœur de chair ? Nous "*faisons le mal que nous ne voudrions pas faire et nous ne faisons pas le bien que nous voudrions faire* » (Rm 7, 19). Malgré nos supplications, nous trouvons que notre cœur est bien peu capable d'aimer. Pourtant nous avons reçu ce cœur de chair à notre baptême : il est en nous, mais comme enfoui.

Or, « *l'Esprit Saint est amour et don d'où découle comme d'une* ***source*** *(fons vivus) tout don accordé aux créatures. Comme l'Apôtre Paul l'écrit : "L'amour de Dieu a été répandu dans nos cœurs par le Saint-Esprit qui nous fut donné*[11]." »

L'eau pure du baptême, elle n'a pas seulement coulé sur nous. Elle est en nous et ne demande qu'à jaillir. La voilà la source que Jésus avait promise à la Samaritaine :

11. *Dominum et vivificantem,* 10.

« *Qui boira de l'eau que je lui donnerai n'aura plus jamais soif; l'eau que je lui donnerai deviendra en lui source d'eau jaillissante en vie éternelle* » (Jn 4, 14).

C'est l'Esprit Saint qui nous transformera de l'intérieur et fera de nous ces « *véritables adorateurs qui adorent le Père dans l'Esprit et la vérité* » (Jn 4, 23).

Maintenant, si vous le voulez bien, nous allons dire à l'Esprit Saint : « Esprit Saint, je crois que tu es en moi et je t'en supplie, viens ranimer l'amour, la foi et l'espérance que j'ai laissés enfouis au fond de moi. Viens faire revivre mon cœur de chair. Viens commencer à desceller de l'intérieur la source que j'ai si bien enterrée. »

La vie dans l'Esprit se déploie selon l'image de la source du Temple en Ézéchiel (Ez 47) : d'un mince filet d'eau jusqu'au torrent débordant. Sainte Bernadette l'a comme expérimenté à Lourdes : elle a gratté la terre, il y a eu d'abord de la boue, puis peu à peu l'eau s'est mise à couler, et maintenant des millions de personnes viennent se baigner dans les piscines.

Le Seigneur veut que la source d'amour qu'Il a mise en nous et qui est son propre Esprit, puisse jaillir. Même si au début il ne coule qu'un petit filet d'eau. Mais comment cela va-t-il se faire ?

2. VIVRE AVEC L'ESPRIT SAINT

Premier point fondamental : l'Esprit Saint est Amour et donc respecte toujours notre liberté. Il attend que nous lui demandions son aide. Il attend notre décision de lui remettre la conduite de notre vie.

Cette décision ne se fera peut-être pas d'un seul coup. Mais nous devons le désirer.

Puis, le plus souvent possible, multiplier les petites

remises de nous-mêmes : notre temps de prière, tel entretien, tel travail, telle décision.

Ainsi nous allons lui permettre de plus en plus de conduire notre vie.

Si nous le laissons faire, si nous décidons de l'écouter et de le suivre, l'Esprit Saint nous enseignera à marcher selon les lois de Dieu, et il nous en donnera la force. Il nous apprendra à vivre de l'amour, car il le déversera dans notre cœur.

2.1 Renouvellement dans la prière

Tout d'abord demandons à l'Esprit Saint de nous renouveler dans la prière car c'est la base de toute vie chrétienne. Sans lui, nous ne savons pas prier : « *L'Esprit vient au secours de notre faiblesse ; car nous ne savons que demander pour prier comme il faut* » (Rm 8, 26). Disons-lui comme dans le *Veni Creator* : Esprit Saint, toi qui es Dieu et que j'aime, « *fais-moi voir le visage du Très-Haut, révèle-moi celui du Fils ; viens en mon cœur, qu'à jamais je croie en toi.* » Demandons-lui : « *Mets en moi ta clarté, embrase-moi ; en mon cœur répands l'amour du Père !* »

Saint Paul explique que « *nul ne peut dire : "Jésus est Seigneur", s'il n'est pas avec l'Esprit Saint* » (1 Co 12, 3). Nous avons reçu « *un esprit de fils adoptifs qui nous fait nous écrier : Abba ! Père ! L'Esprit en personne se joint à notre esprit pour attester que nous sommes enfants de Dieu* » (Rm 8, 16).

Alors, sans nous lasser, prions : Esprit Saint, viens en mon cœur ! Viens me révéler le Père ! Témoigne-moi que je suis vraiment l'enfant de Dieu ! Viens me révéler Jésus son Fils ! Viens me faire vivre une rencontre personnelle avec lui, comme en témoignait Mère Teresa : « *Mes enfants très chers, avez-vous perçu – avec les yeux de l'âme – avec quel amour Jésus vous regarde ? Avez-vous vraiment fait connaissance avec Jésus vivant, non à partir de livres mais pour l'avoir hébergé dans votre cœur ? Avez-vous entendu ses mots d'amour ? Demandez-en la grâce : il a l'ardent désir de vous la donner...* » Oui, Esprit Saint, donne-moi cette grâce.

2.2 L'Esprit Saint nous nourrit par les sacrements.

L'Esprit Saint nous communique la vie divine par notre union au Christ. Cette vie divine, cette source jaillissante en nous, a besoin d'être nourrie, alimentée.

Comme notre corps, notre âme a besoin d'être nourrie : sa nourriture, c'est l'Eucharistie. « *La communion à la Chair du Christ ressuscité, "vivifiée par l'Esprit Saint et vivifiante", conserve, accroît et renouvelle la vie de grâce reçue au Baptême*[12]. »

Quand nous nous sommes éloignés de Dieu par le péché, le sacrement de la réconciliation « *nous rétablit dans la grâce de Dieu et nous unit à Lui*[13] ».

2.3 L'Esprit Saint nous conduit dans la vie quotidienne et nous fortifie.

Demandons à l'Esprit Saint de nous guider dans tous les grands et petits instants de notre vie : notre travail, notre vie de famille, d'étudiant, etc.

Le baptême et la confirmation ont façonné en nous cette disposition à vivre de ces dons. Si nous sommes époux et parents, le sacrement de mariage a déployé cette disposition de manière particulière en vue de notre vie de couple et pour l'éducation de nos enfants.

---

12. CEC 1392.
13. CEC 1468.

Aussi n'hésitons pas à appeler l'Esprit Saint : si, par exemple, nous devons téléphoner à quelqu'un, demandons-lui de préparer le cœur de cette personne et de nous inspirer les mots qui seront bons pour elle… L'Esprit peut nous guider dans le travail. Il peut nous éclairer sur les décisions à prendre. Soumettons-lui notre emploi du temps : demandons-lui de nous montrer les vraies priorités. Disons-lui : « Esprit Saint, je crois en toi, j'espère en ton aide, je t'aime et je te demande ton conseil, montre-moi quel chemin choisir. »

Le pape Jean-Paul II demandait toujours conseil à l'Esprit Saint avant de prendre une décision. Son père le lui avait appris quand il était encore enfant. André Frossard en témoignait : « *Jean-Paul II n'a qu'une forme d'assurance avant de prendre une décision : la prière, qui précède longuement tout ce qu'il fait comme tout ce qu'il dit*[14]. »

Si nous voulons que l'Esprit Saint nous guide, il est nécessaire que nous décidions de lui obéir. À quoi servirait qu'il nous montre le bon chemin, si nous n'avons pas décidé auparavant de suivre son conseil ? Bien sûr, il nous arrivera de ne pas suivre totalement ses voies, de retomber dans de vieilles habitudes, mais chaque fois nous pouvons renouveler notre décision initiale de le suivre et nous remettre sur le bon chemin. Non seulement l'Esprit Saint nous montre le chemin à suivre, mais il nous donne également la force nécessaire pour le faire. La source vivifiante est également source fortifiante.

2.4 Le doigt qui œuvre au nom du Père

L'Esprit Saint est aussi « *le doigt qui œuvre au nom du Père* » (*Veni Creator*). Il vient au cœur de notre vie ter-

---

14. *A. Frossard dialogue avec Jean-Paul II*, Laffont, p. 81.

restre dans notre présent avec « doigté », mais aussi efficacité et avec force, lui qui est « *la force et la douceur de la grâce du Seigneur* » (*Veni Creator*). Quand nous sommes blessés ou confrontés à des situations délicates ou douloureuses, représentons-nous ce doigt de l'Esprit Saint venant nous toucher : il agira délicatement...

2.5 Le Défenseur

Demandons-lui de « *venir fortifier nos corps* [et nos cœurs] *dans leur faiblesse* » (cf. *Veni Creator*). Lui « *qui s'est fait pour nous le Défenseur* », présentons-lui tout ce qui en nous et en nos frères est meurtri, endurci, aride.

« *Si notre cœur venait à nous accuser* », il murmurera à notre cœur : « *Dieu est plus grand que ton cœur, et Il connaît tout* » (cf. 1 Jn 3, 20). Il « *chassera l'ennemi qui nous menace* », le Malin qui nous accuse.

Si nous vivons dans les scrupules, les sentiments de culpabilité, la peur, nous allons faire fausse route. Or « *il n'y a pas de crainte dans l'amour ; au contraire, le parfait amour bannit la crainte* » (1 Jn 4, 18). Cet amour est « *répandu dans nos cœurs par le Saint-Esprit* » (Rm 5, 5). Demandons-lui d'apaiser notre cœur par cet amour : il se « *hâtera de nous donner la paix, afin que nous marchions sous sa conduite* ».

3. CONSEILS PRATIQUES POUR L'ADORATION EUCHARISTIQUE

Nous avons vu que l'Esprit Saint fera de nous les « *véritables adorateurs qui adorent le Père dans l'Esprit et la vérité* » (Jn 4, 23).

Au début du temps d'adoration, en faisant le signe de croix, saluons chacune des personnes de la Trinité en prononçant son nom.

Quand nous nommons l'Esprit Saint, demandons-lui d'ouvrir notre cœur à son action pendant ce temps de prière.

Puis chantons ou prions le *Veni Creator*. Accueillons l'Esprit Saint en nous, comme on accueille une personne très aimée. Demandons-lui de nous révéler la présence de Jésus dans l'Eucharistie, de nous aider à entrer en cette présence. Puis reprenons, parmi les petits moyens que nous avons vus lors des chapitres précédents, ceux qui nous aident personnellement le mieux.

Là où est le Fils, là aussi sont le Père et le Saint-Esprit. Dans l'adoration, nous pouvons nous représenter avec les yeux de la foi le Père et le Saint-Esprit unis à Jésus présent sacramentellement.

Prions l'Esprit Saint de nous guider dans la prière, de nous apprendre à reconnaître les motions intérieures qu'il nous inspirera. Un jour il nous incitera plutôt à contempler Jésus, un autre jour il nous attirera plus vers le Père, comme le dit saint Ignace d'Antioche : « *Une eau vive murmure au-dedans de moi : Viens vers le Père*[15] *!* » Il nous montrera des pardons à donner, des gestes à faire, il nous donnera des idées.

Ne nous préparons pas toujours des schémas tout faits pour prier, mais abandonnons-nous à ce que l'Esprit Saint met dans notre cœur aujourd'hui. Cela n'empêche pas qu'il puisse très bien se servir de prières déjà formulées, comme par exemple le *Credo* ou le *Veni Creator*.

Nous pouvons reprendre en silence le *Veni Creator*, demandant à l'Esprit Saint d'envahir tout notre être, d'irriguer notre âme, notre cœur, toutes nos facultés. Dans la foi, sous le regard de Jésus Eucharistie, nous pouvons nous représenter cette source vive qui est en

15. Ignace d'Antioche, *Lettre aux Romains*, 7, 2.

nous, la regarder couler dans tout notre corps, dans notre mémoire, nos sentiments, notre intelligence, notre volonté... atteindre ce qui est blessé, douloureux, nos peurs mais aussi nos joies. L'Esprit Saint est cette source du temple dont Ézéchiel disait : « *Là où cette eau pénètre, elle assainit tout, et la vie se développe partout où va le torrent* » (Ez 47, 9). Certes, nous nous représentons cela avec notre imagination, mais c'est une réalité qui s'appuie sur la Parole de Dieu. Essayez et vous en verrez les fruits d'apaisement, de consolation, de force, de joie.

IX

Vivre en présence de Dieu

INTRODUCTION

Nous avons déjà parlé de Jésus, de son Père et enfin de l'Esprit Saint. Maintenant, nous allons méditer sur la présence de la Très Sainte Trinité en nous. En effet, si la présence objective de Dieu Trinité face à nous provoque notre adoration, la présence de Dieu au plus intime de nous-mêmes assure la continuité entre nos temps d'adoration et le reste de notre vie quotidienne.

1. L'APPEL À LA SAINTETÉ

Au moment de la création, « *Dieu modela l'homme, il insuffla dans ses narines* ***une haleine de vie,*** *et l'homme devint un être vivant* » (Gn 2, 7). Tout homme a donc reçu ce souffle de Dieu, cette « *ruah* » qui lui donne la vie à chaque instant. Dieu, providence, nous est ainsi présent : il est celui qui nous tient dans la vie. Si par impossible il nous oubliait, nous sombrerions dans le néant.

Au baptême, nous avons en plus reçu la **grâce surnaturelle :** elle nous communique **la vie divine.** Nous ne sommes plus simplement des créatures dépendantes du Créateur, nous devenons des fils et des filles du Père, frères et sœurs de Jésus, temples de l'Esprit.

Dans sa lettre apostolique écrite au début du IIIe millénaire, le pape écrivait : « *Si le baptême fait vraiment entrer dans la sainteté de Dieu au moyen de l'insertion dans le Christ et de l'inhabitation de son Esprit, ce serait un contresens que de se contenter d'une vie médiocre.* » Et il ajoutait, dans la logique de cette réflexion : « *Demander à un catéchumène : "Veux-tu recevoir le baptême?" signifie lui demander en même temps :* ***"Veux-tu devenir saint[1] ?"*** »

La plupart d'entre nous étions bébés lors de notre baptême; nos parents, parrains et marraines ont répondu pour nous. Mais, aujourd'hui, l'Église nous demande par la bouche du pape Jean-Paul II : « Veux tu devenir saint, veux-tu devenir sainte? »

On ne s'attend vraiment pas à une telle question; elle nous fait peut-être un peu peur! La sainteté, pensons-nous, est réservée à quelques « *génies de la sainteté*[2] », donc inaccessible pour nous. De plus, elle nécessite, pensons-nous, des efforts constants pour devenir parfaits, des renoncements à ce qui nous fait plaisir!

Pourtant, nous dit Saint Paul, « *la volonté de Dieu, c'est que vous viviez dans la sainteté* » (1 Th 4, 3).

L'indifférence, voire l'aversion, que nous pouvons avoir vis-à-vis du mot de « sainteté », ne viennent-elles pas d'une fausse idée que nous avons de la sainteté? Écoutons ce que le pape nous en dit : « *Le sens fondamental de la sainteté, c'est* ***l'appartenance*** *à Celui qui est par excellence le Saint, le trois fois Saint*[3]. » Nous pourrions traduire le verbe « appartenir » par « être de la famille ».

1. *Novo millennio ineunte*, 31.
2. *Ibid.*
3. *Ibid.*, 30.

La sainteté n'est pas une perfection à la force du poignet. Elle consiste à être en communion avec la Trinité, à recevoir d'elle la vie, à vivre en sa présence. C'est un don que Jésus nous a obtenu par son sacrifice sur la croix et qui nous est donné par le baptême. Bien sûr, ce don, il nous faut l'accueillir.

Le saint est celui qui, à force de vivre en présence de la Trinité, prend un air de famille avec elle. Cet air de famille, beaucoup l'ont reconnu chez Jean-Paul II ; d'où ce rassemblement de millions de personnes à l'occasion de sa messe d'enterrement, et l'exclamation de certains : « *Santo subito*, saint tout de suite ! »

L'intimité avec Dieu « notre héritage » est déjà au cœur de la prière du psalmiste :

> « *Je garde le Seigneur devant moi sans relâche,*
> *s'il est à mon côté, je suis inébranlable…*
> *Tu m'enseignes la route de la vie ;*
> *En ta présence la joie est sans mesure,*
> *à ta droite le bonheur ne finit pas.* »
>
> (Ps 16 [15], 8.11.)

À travers ces quelques versets, le psalmiste nous rappelle donc :

- qu'en présence de Dieu, le bonheur ne finit pas ;
- mais que, d'abord, avoir le Seigneur devant nous sans relâche nous rend inébranlables.

Être saint, c'est vivre en présence de Dieu et marcher avec lui. Aussi, quand l'Église me demande : « Veux-tu devenir saint ? », elle me demande en fait : « Veux-tu vivre, marcher en présence de Dieu, et connaître par là un bonheur qui ne finit pas ? »

La sainteté, abordée de cette manière, est sûrement plus attrayante, et paraît aussi moins inaccessible.

2. DIEU DEMEURE EN NOUS.

Comment allons-nous faire pour « *garder le Seigneur devant nous sans relâche* », l'avoir toujours « *à notre côté* » ? Pour cela, d'abord, accueillons Dieu dans notre vie.

Or saint Jean dit dans le prologue de son évangile : « *Le Verbe est venu chez lui, et les siens ne l'ont pas accueilli* » (Jn 1, 11). Tout le drame entre Dieu et l'homme est résumé en ces quelques mots : l'homme refuse d'accueillir Dieu dans sa vie. Mais si nous l'accueillons, « *à tous ceux qui l'ont accueilli, il a donné pouvoir de devenir enfants de Dieu...* » (Jn 1, 12.)

Accueillons Jésus, non seulement dans nos pensées, mais dans tout notre être, notre âme, notre cœur, notre vie. Le moyen, Jésus nous le donne : « *Si quelqu'un m'aime, il gardera ma parole et mon Père l'aimera et nous viendrons vers lui et nous nous ferons une demeure chez lui* » (Jn 14, 23).

Dieu veut venir en nous. Dieu désire vraiment vivre cette intimité avec nous. Nous pouvons nous appuyer dans la foi sur les paroles de Jésus : « *Je suis en mon Père et vous en moi et moi en vous* » (Jn 14, 20) et « *Demeurez en moi, comme moi en vous* » (Jn 15, 4).

Écoutons aussi le témoignage des saints et des mystiques :

• Au XVe siècle, Dieu demandait à sainte Catherine de Sienne de se mettre, pour un temps, au service de sa nombreuse famille (elle avait plus de vingt frères et sœurs !). Alors, pour ne pas quitter Dieu, elle s'était fait dans son âme une « *cellule intérieure* » : elle s'y retirait pour le rencontrer tout au long de la journée.

• Au XVIe siècle, Thérèse d'Avila écrivait : « *Là où est Dieu, c'est le ciel ... Considérez donc ce que dit Saint*

Augustin qui le cherchait partout et le trouva au-dedans de lui-même[4]*… Il m'est avis que si j'avais compris, comme je le fais aujourd'hui, qu'en ce tout petit palais qu'est mon âme habite un si grand roi, je ne l'aurais pas laissé seul si souvent*[5]. »

• Plus près de nous, la bienheureuse Élisabeth de la Trinité écrivait à une amie : « *À tout instant du jour et de la nuit les trois personnes divines demeurent en toi. Quand on sait cela, on n'est plus jamais seul.* »

3. LA PRATIQUE DE LA VIE EN PRÉSENCE DE DIEU EN TOUT TEMPS

Un mystique français du XVIIe siècle, frère Laurent de la Résurrection, cuisinier dans son Carmel, nous a laissé des lettres et des entretiens où il explique le secret de son bonheur : vivre en présence de Dieu et tout faire par amour pour lui.

« *La pratique la plus sainte, la plus commune et la plus nécessaire en la vie spirituelle est la présence de Dieu : c'est* ***de se plaire et de s'accoutumer en sa divine compagnie,*** *parlant humblement et s'entretenant amoureusement avec lui à tous moments*[6]. »

« *Il n'est pas nécessaire d'être toujours à l'église pour être avec Dieu ; nous pouvons* ***faire de notre cœur un oratoire*** *dans lequel nous nous retirons de temps en temps pour nous y entretenir avec lui, doucement, humblement et amoureusement. Tout le monde est capable*

4. *Le Chemin de la perfection*, chap. 28, 2, dans *Œuvres complètes*, Desclée De Brouwer, p. 459.
5. *Ibid.*, chap. 28, 11, p. 462.
6. *Maximes spirituelles*, 6. On trouvera un florilège de textes à l'adresse suivante :
www.carmel.asso.fr/-Laurent-de-la-Resurrection-.html

de ces entretiens familiers avec Dieu, les uns plus, les autres moins : il sait ce que nous pouvons. Commençons ; peut-être n'attend-il de nous qu'une généreuse résolution ... Dieu ne nous demande pas grand chose : une petite pensée de temps en temps, une petite adoration...

« *Pendant vos repas et vos entretiens, élevez quelquefois vers lui votre cœur : le moindre souvenir lui sera toujours fort agréable. Il ne faut pas pour cela crier bien haut, il est plus près de nous que nous ne pensons. Accoutumez-vous donc peu à peu à l'adorer de la sorte, à lui demander sa grâce, à lui offrir votre cœur de temps en temps pendant la journée, parmi vos ouvrages, à tout moment si vous le pouvez, faites-le dans la foi, avec amour et humilité*[7]. »

C'est simple ; mais il est vrai que frère Laurent et sainte Thérèse d'Avila avouent qu'au début, cette attention à la présence de Dieu est un peu pénible. Frère Laurent ajoute : « *Il faut une grande fidélité à la pratique de cette présence et au regard intérieur de Dieu en soi.* » Il donne ce conseil : « *Pour ceux qui commencent cette pratique il faut former intérieurement quelques paroles, comme : "Mon Dieu, je suis tout à toi", "Dieu d'amour, je t'aime de tout mon cœur" ... ou quelques autres paroles que l'amour produit spontanément.* »

Pour certains d'entre nous, l'exercice sera dur ; au début nous trouverons même presque impossible de nous représenter Dieu en nous. Ce n'est pas grave. Il nous est demandé seulement de croire à sa présence – « *plus intime à nous-mêmes que nous-mêmes* » (saint Augustin) – et de vivre dans cette foi, en sachant Dieu devant nous ou à nos côtés.

---

7. *Ibid.*

4. DIEU, PRÉSENT EN NOUS, NOUS AIDE À ÉVITER LE PÉCHÉ.

Jésus, dans son discours sur la montagne, fait cette demande : « *Soyez parfaits comme votre Père céleste est parfait* » (Mt 5, 48). On pourrait traduire : « Soyez saints comme votre Père céleste est saint ».

Jésus nous présente donc le Père comme modèle à imiter ! Un modèle, c'est quelqu'un qu'on regarde, qu'on admire, qu'on imite.

Jésus imite tellement son Père qu'il a pu dire à Philippe : « *Qui me voit, voit le Père* » !

Saint Jean nous promet la ressemblance parfaite avec le Christ pour le ciel : « *Nous lui serons semblables parce que nous le verrons tel qu'il est* » (1 Jn 3, 2).

Mais comme le dit sainte Thérèse d'Avila : le ciel est au-dedans de nous, nous pouvons commencer dès aujourd'hui à vivre en compagnie de Dieu... Or nous avons tous fait cette expérience : quand nous sommes en présence de quelqu'un que nous aimons, que nous admirons et dont nous voulons être aimés, nous faisons très attention à nos gestes et à nos paroles. Cette attention nous aide à être meilleurs, à faire ressortir le meilleur de nous-mêmes.

Alors, que dire de la présence du Dieu trois fois saint ! Si nous voyions son regard d'amour posé sur nous, son regard si pur, si innocent, nous ne pourrions plus pécher en sa présence pour ne pas le blesser.

C'est cela, selon les mots du Psaume 16, être inébranlables parce que nous sommes en présence de Dieu.

Frère Laurent écrit : « *Il faut faire de notre cœur un temple spirituel pour Dieu où nous l'adorons sans cesse. Et il faut s'appliquer soigneusement à ne rien faire ni rien dire et à ne rien penser qui puisse lui déplaire.* »

Il est très difficile de lutter directement contre notre péché, puisqu'il s'appuie de manière erronée ou désordonnée sur ce qui nous paraît un bien. Il est plus facile de combattre en prenant la question par le haut : grandir dans l'amour du meilleur bien, Dieu... En nous représentant Dieu présent dans notre cœur ou à nos côtés nous l'aimerons ; et par amour pour Lui, nous renoncerons à faire ou à dire ce qui pourrait lui déplaire !

Malgré tout, *être inébranlable* ne signifie pas : ne jamais pécher. Être inébranlable, c'est tenir dans notre confiance en la miséricorde de Dieu... Lorsque notre amour-propre a été plus fort que notre amour de Dieu, lorsque nous avons péché, nous savons que nous pouvons toujours revenir demander pardon de tout notre cœur. Thérèse de Lisieux n'hésitait pas à reprendre les attitudes de confiance de son enfance : s'asseoir sur les genoux du Père ou se jeter à son cou !

Frère Laurent disait : « *Je ressens fortement la gravité de mes péchés. Mais ceux-ci* ***ne me découragent pas.*** *Je les avoue à Dieu et ne cherche pas à les excuser. Après cela, je retourne en paix dans mon exercice ordinaire d'amour et d'adoration.* »

5. PRIER EN TRAVAILLANT

Peut-être pensons nous que cela était facile pour Laurent et Thérèse dans leur monastère, mais que c'est impossible pour nous avec nos vies trépidantes.

Or frère Laurent, aux dires de ses frères, travaillait comme deux à la cuisine de son monastère. Cependant, « *on ne le voyait jamais agir avec empressement, mais avec une juste modération il donnait à chaque chose le temps qu'il lui fallait, travaillant sans lenteur et sans pré-*

cipitation, demeurant dans une même égalité d'esprit et dans une paix inaltérable. »

Frère Laurent lui-même explique qu'avant de commencer un travail il disait à Dieu : « ***Mon Seigneur, travaillez avec moi,*** *recevez mes œuvres et possédez toutes mes affections.* » Ensuite il se mettait à son travail tout en continuant à parler familièrement avec Dieu. À la fin de son travail, il examinait de quelle manière il l'avait fait. S'il y trouvait des bonnes choses, il remerciait Dieu. S'il y remarquait des fautes, il demandait pardon et se remettait tout simplement en sa présence.

Que de temps nous pourrions passer aux côtés de Jésus, dans nos déplacements, nos activités, nos rencontres. « *Notre sainteté ne consiste pas à changer d'occupation, mais à faire pour Dieu ce qu'habituellement nous aurions fait pour nous-mêmes* », confiait frère Laurent.

6. DIEU NOUS ÉCLAIRE ET NOUS GUIDE.

L'Esprit de Dieu nous guide, selon les mots du Psaume : « *Tu m'enseignes la route de la vie* » (Ps 16 [15], 11).

Sainte Thérèse de l'Enfant-Jésus l'a expérimenté : « *Je comprends et je sais par expérience que le Royaume de Dieu est au-dedans de nous. Jamais je n'ai entendu parler Jésus, mais je sais qu'Il est en moi, à chaque instant il me guide et m'inspire ce que je dois dire ou faire. Je découvre juste au moment où j'en ai besoin, des lumières que je n'avais pas encore vues, ce n'est pas le plus souvent pendant mes oraisons qu'elles sont le plus abondantes, c'est plutôt au milieu de ma journée*[8]. »

---

8. *Manuscrit A*, 83 v°.

7. DIEU PRÉSENT DANS NOS ÉPREUVES

Dieu est aussi présent dans nos souffrances.

Nous venons de dire que la sainteté consistait à vivre en présence de Dieu et à connaître le bonheur sans mesure. Mais cela ne veut pas dire que la souffrance sera toujours épargnée au chrétien.

Regardez Jean-Paul II. Nous l'avons vu rayonnant de force et de joie au début de son pontificat. Puis ses forces physiques ont déclinées, ses souffrances ont augmentées ; à Lourdes nous l'avons même vu pleurer. Mais nous sentions confusément que malgré tout, il y avait en lui une joie, non pas exubérante, mais profonde et paisible, la joie de celui qui vit en présence de Dieu dans la confiance.

Élisabeth de la Trinité disait que « *quand on sait que les personnes de la Trinité demeurent toujours en nous, on n'est plus jamais seul* ». Or, nous nous sentons particulièrement seuls au moment où nous sommes malades, faibles, souffrants, blessés, abandonnés. Frère Laurent nous dit : « *Prenez courage, offrez sans cesse vos peines à Dieu, demandez-lui des forces pour les souffrir, surtout accoutumez-vous à vous entretenir souvent avec lui et oubliez-le le moins que vous pourrez. Adorez-le dans vos infirmités, offrez-vous à lui de temps en temps, et dans le plus fort de vos douleurs, demandez-lui humblement et amoureusement, comme un enfant à son bon père, la conformité à sa sainte volonté et le secours de sa grâce.* »

8. AGIR AVEC DIEU

Jésus, l'Emmanuel, « *Dieu-avec-nous* », n'est pas seulement avec nous mais en nous. Si Dieu est en nous, nous pouvons tout faire avec Lui.

Si nous nous unissons au Christ, ne soyons pas surpris qu'il se serve de nous, de notre regard, de nos paroles, de nos gestes pour agir. Nous sommes son Corps, donc ses mains, son sourire... Sainte Thérèse de Lisieux l'avait expérimenté auprès de la Mère Geneviève : celle-ci l'avait consolée par une parole parfaitement adaptée à l'état de l'âme de Thérèse. Celle-ci, apprenant quelques jours plus tard que Mère Geneviève n'avait eu aucune révélation spéciale, s'écrie : « *Alors mon admiration fut encore plus grande, voyant à quel degré éminent Jésus vivait en elle et la faisait agir et parler. Ah ! cette sainteté-là me paraît la plus vraie, la plus sainte et c'est elle que je désire*[9]. »

Plus tard, ayant reçu la mission de s'occuper des sœurs novices, elle vit « *que cette tâche était au dessus de mes forces, alors je me suis mise dans les bras du bon Dieu, comme un petit enfant et... je lui ai dit : ... Si vous voulez leur donner par moi ce qui convient à chacune, emplissez ma petite main et sans quitter vos bras, sans détourner la tête, je donnerai vos trésors*[10]... »

Dans les situations difficiles, pensons à l'Esprit de Dieu qui nous a été donné. Saint Paul écrivait aux Éphésiens : « *La puissance de Dieu agissant en nous est capable de faire bien au-delà, infiniment au-delà de tout ce que nous pouvons demander ou concevoir* » (Ep 3, 20). Mettons toutes nos facultés au service du Seigneur, mettons nous activement à son service, mais en même temps laissons le faire puisqu'Il nous habite.

9. LA PRÉSENCE DE DIEU ET LA COMMUNION EUCHARISTIQUE

Parlons maintenant de la communion eucharistique. Jésus s'est fait pain vivant pour que nous le mangions ; ainsi il supprime toute distance entre lui et nous.

---

9. *Manuscrit A*, 78 r°.
10. *Manuscrit C*, 22 r°.

« *Aux disciples d'Emmaüs qui demandaient à Jésus de rester* ***"avec"*** *eux, ce dernier répondit par un don beaucoup plus grand : il trouva le moyen de demeurer* ***"en"*** *eux par le sacrement de l'Eucharistie*[11]. »

Dans la communion nous recevons « *le Christ tout entier, son corps et son sang, conjointement avec son âme et sa divinité*[12] » ; nous communions à Jésus vivant[13].

L'Eucharistie nous rappelle de façon pour ainsi dire « tangible » (nous pouvons toucher et manger l'hostie), « *la présence réelle, substantielle*[14] » de Jésus. Par la communion, elle nourrit en nous la vie de la grâce. Ainsi peu à peu, de communion en communion, la présence spirituelle de la Trinité dans notre cœur nous façonne, nous transforme.

10. LA PRÉSENCE DE DIEU EN NOUS ET L'ADORATION

Pourquoi adorer l'Eucharistie, si Dieu est présent en nous ? Eh bien, c'est tout simple ! Quand nous adorons Jésus Hostie, nous l'adorons à la fois présent substantiellement dans l'hostie et tout aussi réellement, mais spirituellement, en nous. Le ciel est à la fois sur l'autel et dans notre cœur.

Nous sommes comme une de ces belles éponges plongées dans l'océan. Nous sommes dans l'eau, mais l'eau est aussi en nous (« *Demeurez en moi, comme moi en vous* »). Nous nous laissons envahir de toute part par l'amour de notre Dieu, de l'extérieur et de l'intérieur.

Quel est notre rôle ? Il est simple aussi. Rappelons-nous les paroles de saint Jean : Jésus est venu chez les siens, et

---

11. *Mane nobiscum Domine*, 19.
12. CEC 1374.
13. CEC 1392.
14. CEC 1374.

les siens ne l'ont pas accueilli. Si la belle éponge se rétracte, se ferme, elle ne peut pas absorber l'eau qui lui est offerte... Aussi demandons à l'Esprit Saint de nous aider à nous ouvrir à l'amour, offert en nous et devant nous. Accueillons-le, laissons-nous faire, abandonnons-nous dans la confiance, « *tout éveillés, dans la foi, à l'action créatrice de Dieu en nous* ». Accueillons le plus possible cet amour offert, afin que le trop-plein de l'éponge que nous sommes se déverse sur les autres. Telle est la source d'eau vive que le Seigneur a promise à la Samaritaine.

11. CONSEILS PRATIQUES POUR L'ADORATION

Quand l'hostie sera exposée, nous pourrons faire lentement le signe de la croix en nous représentant chacune des personnes de la Trinité présente en nous.

Puis nous regarderons Jésus au Saint-Sacrement, nous le saluerons avec des mots très simples, lui sourirons, lui manifesterons la joie, la reconnaissance que nous inspire sa présence

Ensuite nous pouvons dire :

- « Père, Fils et Esprit Saint, vous qui êtes en moi, je vous adore dans le Très Saint-Sacrement de l'autel. »
- « Je vous aime. »

Prier ne consiste pas à beaucoup penser mais à aimer ; il convient non pas de réfléchir à la présence de Dieu en nous, mais de la reconnaître dans la foi. Nous concentrons notre attention amoureuse sur Jésus présent dans le Saint-Sacrement.

Si nos pensées s'en vont, ramenons-les vers Jésus qui est là, par de petites phrases : « Jésus, tu es vraiment là. Je t'adore, Jésus ! »

Mais nous n'aurons pas toujours besoin de parler. La présence au Christ se nourrit de la prière comme « *élan du cœur*» (Thérèse de Lisieux). Ou comme nous invite sainte Thérèse d'Avila : « *Vous pouvez travailler à vous tenir dans la compagnie de ce véritable Maître. Je ne vous demande pas de fixer votre pensée sur lui, ni de faire de nombreux raisonnements, ou de hautes et savantes considérations. Je ne vous demande qu'une chose : le regarder. Qu'est-ce qui vous empêche de porter sur Notre Seigneur le regard de l'âme, ne serait-ce qu'un instant, si vous ne pouvez faire plus*[15] *?* »

Rappelons encore : la valeur de l'adoration n'est pas liée au ressenti. Même si nous ne sentons rien, Jésus est là. Il est là sur l'autel et il est là dans notre cœur.

Dans notre vie quotidienne, même si nous essayons de vivre en présence du Dieu trinitaire qui habite dans notre cœur, nous n'allons peut-être pas souvent ressentir cette présence. Mais dans la foi nous parlerons avec amour à ce Dieu qui nous attend au fond de notre âme… Ce que nous vivons dans l'adoration, nous pourrons le prolonger chez nous. Essayons d'être à la fois Marthe et Marie : faire notre travail aussi bien que Marthe et en même temps, comme Marie, rejoindre souvent Jésus dans notre cœur et lui dire des petits mots d'amour tout simples.

Nous n'arriverons pas à demeurer sans interruption en présence de Jésus du jour au lendemain. Une image suggestive se trouve dans les câbles téléphoniques aériens soutenus par des poteaux : chaque recueillement en présence de Dieu est comparable à ce poteau qui soutient la vivacité de ma foi et de mon attention à Celui qui nous a dit : « *Demeurez en moi, comme moi en vous* » (Jn 15, 4).

15. *Le Chemin de la perfection,* chap. 26.

X

Marie

INTRODUCTION

Tout au long de ce livre, nous nous sommes efforcés de « *redécouvrir toute la richesse de l'Eucharistie* ». Or le pape Jean-Paul II écrivait dans son encyclique sur l'Eucharistie que « *par sa vie toute entière Marie est une femme eucharistique* » et qu'elle peut « *nous guider vers le très Saint-Sacrement, car il existe entre elle et lui une relation profonde...* » Et il nous invitait, avec toute l'Église, à « *l'imiter dans son rapport avec ce Mystère très saint*[1]. » C'est ce que nous allons essayer de faire maintenant.

1. JÉSUS NOUS DONNE SA MÈRE AUJOURD'HUI.

À chaque Eucharistie le prêtre répète la parole de Jésus : « *Faites cela en mémoire de moi* » (Lc 22, 19). Ce mémorial rend présent « *tout ce que le Christ a souffert et a accompli au Golgotha* », y compris le don qu'il nous a fait de sa mère[2]. Saint Jean, qui était présent au pied de la croix, nous témoigne personnellement de ce dernier entretien entre Jésus et sa mère : « *Près de la croix de Jésus se tenait sa mère. Jésus voyant sa mère et, se tenant*

1. *Ecclesia de Eucharistia*, 53.
2. *Ibid.*, 57.

près d'elle, ***le disciple qu'il aimait,*** *dit à sa mère : "Femme, voici ton fils." Puis il dit au disciple : "Voici ta mère." Dès cette heure-là, le disciple l'accueillit chez lui* » (Jn 19, 25-27). Jean ne fait pas de la fausse modestie. Il dit tout simplement la vérité en se désignant comme le disciple que Jésus aimait. Le pape Jean-Paul II écrit à ce sujet *: « Le Christ a confié à Marie le disciple bien-aimé et, en ce disciple, il lui confie également* ***chacun de nous :*** *"Voici ton fils ! De même, il dit aussi à chacun de nous : "Voici ta mère ! (cf. Jn 19, 26-27).* » Et il ajoute : « *Vivre dans l'Eucharistie le mémorial de la mort du Christ suppose aussi de recevoir continuellement ce don. Cela signifie prendre chez nous, à l'exemple de Jean, celle qui chaque fois nous est donnée comme Mère*[3]. »

Eh bien, ce disciple bien-aimé, c'est chacun de nous. Nous savons que Jésus et Marie s'aiment tellement que leurs cœurs ne font plus qu'un et partagent le même amour des hommes. C'est pourquoi le disciple préféré de Jésus est également l'enfant préféré de Marie. Sous la croix, chacun de nous est devenu l'enfant préféré de Marie. Jésus avait promis : « *Je ne vous laisserai pas orphelins* » (Jn 14, 18), annonçant ainsi la venue de l'Esprit Saint. Mais avant de « *livrer l'esprit* » (Jn 19, 30) en mourant sur la croix, Jésus accomplit aussi cette promesse en nous donnant sa propre mère. C'est d'abord Marie qui nous reçoit. Nous pouvons l'imaginer répondre à Jésus : « Oui, Jésus, je reçois chaque être humain comme fils, comme fille. » Marie nous accueille, quelle que soit notre attitude à son égard. Comme Jésus, Marie ne s'impose pas à nous. Elle nous propose son amour de maman ; elle nous attend les bras ouverts, mais elle nous laisse libres. Elle sait bien que certains d'entre nous, à cause des expériences qu'ils ont eues avec leur propre mère, ont du mal à accueillir son amour. Aussi,

3. *Ibid.*, 57.

elle nous laisse tout le temps nécessaire et nous attend avec amour et compassion. Dans l'adoration nous pouvons demander à Jésus de nous apprendre à aimer sa mère. Il le fera à sa manière propre, avec douceur, en son temps, sans faire pression sur nous.

Contemplons maintenant l'amour de Marie pour Jésus, sachant qu'elle veut nous donner part à cet amour. Imaginons son regard émerveillé pour le bébé dormant dans ses bras, regardons avec quelle tendresse elle le nourrissait, l'habillait, le caressait. Or Marie nous regarde avec le même amour. Nous pouvons penser qu'à la manière des femmes d'Israël, Marie portait son Jésus sur la hanche pour pouvoir tout à la fois être avec son enfant et travailler. Elle lui a appris à prier. Quand Jésus était malade elle restait à ses côtés. Plus tard, elle l'a parfois accompagné. À Cana, c'est même elle qui a obtenu de lui son premier miracle, lui donnant d'entrer dans sa vie publique dont l'issue est la gloire de la croix. Sous la croix, elle était encore là au moment où presque tous l'avaient abandonné. Elle était là, fidèle, et la douleur devant la souffrance de son Fils a transpercé son cœur comme un glaive. C'est cette Maman-là que Jésus nous donne. Il nous la donne pour qu'elle fasse pour nous ce qu'elle a fait pour lui : être là avec nous quand nous sommes heureux, mais aussi quand nous sommes malades, fatigués, angoissés. Elle est celle auprès de qui nous pouvons toujours nous réfugier, qui ne nous jugera jamais quoi que nous ayons fait.

Mais en même temps que Jésus confie chacun de nous à Marie, il nous confie aussi sa mère, nous demandant de la prendre chez nous, c'est-à-dire de l'accueillir dans notre vie avec respect, mais surtout avec beaucoup d'amour. Jésus nous demande d'apprendre à aimer Marie comme il l'aimait. Il nous dit : Je te donne ma Mère. Maintenant elle est aussi ta Mère. Prends-la chez toi, accueille-la dans ta vie et dans ton cœur. « *Mets-toi à son école, laisse-toi accompagner et conduire par elle*[4] », c'est à elle que je t'ai confié, elle est le chemin le plus sûr pour apprendre à me connaître et à m'aimer.

2. LA PRIÈRE DU « JE VOUS SALUE MARIE »

Avec l'aide de textes du pape Jean-Paul II, méditons maintenant la prière du « *Je vous salue Marie* », en demandant à Dieu de nous apprendre à aimer Marie.

2.1 « Je te salue, Marie »

Dès les premiers mots de cette prière, nous sommes invités à entrer dans une rencontre personnelle avec Marie, la jeune fille de Nazareth à laquelle l'ange vient rendre visite. Que nous commencions cette prière par les paroles de l'ange (avec la tonalité d'appel à la joie de la salutation en grec) : « *Réjouis toi Marie, comblée de grâces* » (Lc 1, 28), ou par la formule classique (plus latine) « *Je vous salue, Marie* », l'essentiel est de dire bonjour à Marie en nous rendant compte qu'elle est notre Maman, qu'elle est là, qu'elle nous écoute, qu'elle nous regarde, qu'elle nous aime. Certains préféreront la vouvoyer, d'autre la tutoyer.

2.2 « Je te salue, Marie, pleine de grâce ! »

« *La première partie de l'Ave Maria est une contemplation d'adoration du mystère qui s'accomplit dans la Vierge. Ces paroles expriment l'admiration du ciel et de la terre et font affleurer l'émerveillement de Dieu contemplant son chef-d'œuvre : l'incarnation du Fils dans le sein virginal de Marie*[5]. »

---

4. Cf. *Ibid.*, 57.
5. *Rosarium Virginis Mariae*, 33.

Quand je dis à Marie : « *Tu es pleine de grâce* », je reprends les paroles de l'ange lors de l'Annonciation : « *Réjouis-toi, comblée de grâce* » (Lc 1, 28). Avez-vous remarqué que l'ange n'appelle pas Marie par son prénom, mais que, comme le note Jean-Paul II, il lui donne « *ce nom nouveau : "pleine de grâce"*[6] » ? Essayons un instant de nous imaginer l'amour de la Trinité pour Marie ! Elle est à la fois fille du Père, épouse de l'Esprit Saint[7] et mère du Fils. De toute éternité, Dieu, Père, Fils et Esprit Saint l'a choisie pour être la mère de Jésus. Et pour cela, Jésus l'a rachetée dès sa conception[8], lui donnant part à l'avance aux fruits du sacrifice de la croix. « *Par la grâce de Dieu, Marie est restée pure de tout péché personnel tout au long de sa vie*[9]. »

Ainsi choisie pour être la Mère de Dieu, elle permet au Fils de Dieu d'assumer toute notre nature humaine. D'elle naît le Christ Tête. Mais Jésus lui donne d'être aussi la Mère des membres du Corps du Christ que nous sommes ; elle est Mère de l'Église. Par le baptême nous « *sommes bénis de toutes sortes de bénédictions spirituelles* » (Ep 1, 3), nous devenons « *participants de la nature divine* » (2 P 1, 5), enfants de Dieu.

2.3 « Le Seigneur est avec toi »

En la saluant par ces mots : « *le Seigneur est avec toi* », l'ange rappelle indirectement la prophétie d'Isaïe : « *Voici que la vierge est enceinte, elle va enfanter un fils, et elle lui donnera le nom d'Emmanuel* » (Is 7, 14). En effet, « Emmanuel » signifie « Dieu avec nous ». Chaque

---

6. *Redemptoris Mater*, 8.
7. Ce titre d'« épouse de l'Esprit » est beaucoup employé par saint Louis-Marie Grignion de Montfort, saint dont les écrits ont tant marqué Jean-Paul II.
8. Cf. CEC 491.
9. CEC 493.

fois que nous redisons à Marie dans cette prière : « *Le Seigneur est avec toi* », nous sommes invités à reconnaître que Dieu est avec nous, qu'il est à nos côtés, que jamais il ne nous abandonnera.

2.4 « Tu es bénie entre toutes les femmes »

Que veut dire « *être béni* » ? Nous disons ces mots si souvent dans les prières, mais il faut bien le reconnaître, souvent nous ne savons pas vraiment ce qu'ils signifient ! Dans le *Catéchisme* nous lisons : « *Bénir est une action divine qui* ***donne la vie*** *et dont le Père est la source*[10]. » Donc, quand nous disons que Dieu nous bénit, cela veut dire qu'il nous donne la vie.

Quand Élisabeth salue Marie : « *Tu es bénie entre les femmes* », elle reconnaît, sous l'inspiration de l'Esprit Saint, la plénitude du don de la vie divine qui a été fait à Marie. Et Marie, au comble de la joie, comprend que cette bénédiction s'étendra à tous les hommes par Jésus[11] et que c'est pour cela que « *toutes les générations la diront bienheureuse* » (Lc 1, 48).

Marie est bénie parmi toutes les femmes, car elle est celle qui a été choisie pour être la Mère du Fils de Dieu. Elle est la choisie, la préférée, mais en même temps, en elle tous les hommes sont bénis, et d'une façon peut-être privilégiée, toutes les femmes de la terre qui sont appelées à donner la vie, et à la protéger quelle que soit leur vocation.

2.5 « Et Jésus, le fruit de ton sein, est béni »

Chaque fois que nous prions « *et Jésus, le fruit de ton sein, est béni* », nous prononçons le nom de « *Jésus* » qui

---

10. Cf. CEC 1078-1082.
11. Cf. *Redemptoris Mater*, 8.

est « *le centre de gravité de l'Ave Maria*[12] ». Saint Pierre disait « *qu'il n'y a pas sous le ciel d'autre nom donné aux hommes, par lequel nous devions être sauvés* » (Ac 4, 12). Demandons à Marie de nous apprendre à prononcer ce nom avec le même amour qu'elle.

Puis nous disons que Jésus est « *le fruit du sein de Marie* » ou le fruit de ses entrailles. C'est une vérité de foi que nous proclamons ici. Quand Marie avait demandé à l'Ange : « *Comment cela va-t-il se faire puisque je suis vierge ?* » celui-ci avait répondu : « *L'Esprit Saint viendra sur toi, et la puissance du Très-Haut te prendra sous son ombre ;* ***c'est pourquoi*** *celui qui va naître sera saint et il sera appelé Fils de Dieu* » (Lc 1, 34-35). La Trinité est à l'œuvre dans la conception de Jésus. Le *Catéchisme* le formule ainsi : *"L'Esprit Saint est envoyé pour sanctifier le sein de la Vierge Marie et la féconder divinement... en faisant qu'elle conçoive le Fils éternel du Père dans une humanité tirée de la sienne*[13]. » C'est ce que plus tard l'ange a confirmé à saint Joseph en lui disant : « *Ce qui a été engendré en Marie, ta femme, vient de l'Esprit Saint* » (Mt 1, 20). Avec toute l'Église nous croyons fermement que Jésus est le Fils de Dieu.

Le corps de Jésus que nous recevons dans l'Eucharistie « *est le même que celui que Marie a conçu dans son sein*[14] ».

2.6 « Sainte Marie, Mère de Dieu »

Au concile d'Éphèse (431) « *la vérité sur la maternité divine de Marie... fut solennellement confirmée comme vérité de foi dans l'Église. Marie est la Mère de Dieu (Théotokos), parce que, par le Saint-Esprit, elle a conçu*

12. *Rosarium Virginis Mariae*, 33.
13. CEC 485.
14. *Ecclesia de Eucharistia*, 56.

en son sein virginal et a mis au monde Jésus Christ, le Fils de Dieu consubstantiel au Père[15] ». C'est grâce à sa foi que Marie a pu devenir la Mère de Dieu. Elle a cru qu'elle, la petite servante du Seigneur, l'humble créature, était aimée de Dieu au point qu'il veuille en faire la mère de son Fils ! Tout l'être de Marie a été saisi par cette vérité fondamentale : **Je suis aimée de Dieu.** Demandons à Marie de nous apprendre à croire et à réaliser à quel point nous sommes aimés de Dieu. En Marie, absolument rien n'a fait obstacle à cet amour divin qui lui était offert. Marie est le réceptacle qui a pu accueillir à bras ouverts, à cœur ouvert, le don que Dieu faisait de lui-même. Par son « *fiat* », par son « oui », Marie a si pleinement accepté de se laisser aimer par Dieu que celui-ci a pu venir prendre chair en elle.

Jean-Paul II écrivait que Marie, enceinte de Jésus, était « *le premier tabernacle de l'histoire* » et expliquait : « *Il existe une analogie profonde entre le fiat par lequel Marie répond aux paroles de l'Ange et l'amen que chaque fidèle prononce quand il reçoit le corps du Seigneur. À Marie il fut demandé de croire que celui qu'elle concevait "par l'action de l'Esprit Saint" était le "Fils de Dieu". Dans la continuité avec la foi de la Vierge, il nous est demandé de croire que, dans le Mystère eucharistique, ce même Jésus, Fils de Dieu et Fils de Marie, se rend présent dans la totalité de son être humain et divin, sous les espèces du pain et du vin*[16]. »

Quand nous communions, demandons à Marie d'accueillir avec nous son Fils bien-aimé. Elle nous aidera à croire que, comme elle au moment de l'Annonciation, nous sommes alors le tabernacle où Jésus est présent. Demandons-lui de nous communiquer sa joie de porter en nous le Fils de Dieu. Le pape Jean-Paul II

15. *Redemptoris Mater*, 4.
16. *Ecclesia de Eucharistia*, 55.

écrivait : « *Recevoir l'Eucharistie devait être pour Marie comme si elle accueillait de nouveau en son sein ce cœur qui avait battu à l'unisson du sien*[17]. » Apprenons auprès d'elle à nous unir aux battements du cœur de Jésus vivant en nous.

2.7 « Prie pour nous, pauvres pécheurs »

Combien de millions de fois la Sainte Vierge a-t-elle déjà entendu cette prière faite par des chrétiens de toutes conditions ! Ils s'adressent à elle, avec au cœur la confiance si bien exprimée dans cette prière bien connue : « *Souvenez-vous, ô très miséricordieuse Vierge Marie, qu'on n'a jamais entendu dire qu'aucun de ceux qui ont réclamé votre secours ait été abandonné...* »

Marie n'a pas abandonné Jésus à la croix ; elle ne nous abandonnera pas non plus. Marie est la mère *de la* miséricorde puisqu'elle est la mère de Jésus qui est la miséricorde en personne. Mais elle est aussi « la mère *de* miséricorde », « *celle qui connaît le plus à fond le mystère de la miséricorde divine* » : elle « *en sait le prix* », elle qui était au pied de la croix... Elle est « *appelée d'une manière spéciale à rendre proche des hommes cet amour... qui trouve sa manifestation la plus concrète à l'égard de ceux qui souffrent* », et cela « *avec le tact particulier de son cœur maternel* »[18].

Marie est une vraie maman, elle connaît tout de nous, nos joies mais aussi nos souffrances. Regardez à Cana comme, par exemple, elle a su voir le manque de vin. Si elle voit un détail pratique comme celui là, elle est bien plus capable de voir nos soucis, de les comprendre et de nous aider. Pour cela, elle s'adresse à Jésus, puis se tourne vers nous en nous disant : « *Tout ce qu'il te dira,*

17. *Ibid.*, 56.
18. *Dives in misericordia*, 9.

fais-le ! » (Jn 2, 6.) Même si nous sommes tous de pauvres pécheurs, nous pouvons toujours nous réfugier auprès de celle qui toute sa vie a cru à la miséricorde de Dieu et qui au ciel intercède pour nous en faisant appel à cette miséricorde. Marie touche directement le cœur de Dieu, car elle a entièrement confiance en son amour. Nous pouvons déposer dans ses mains toutes nos intentions de prière, pour nous et pour le monde entier.

2.8 « Maintenant et à l'heure de notre mort »

Arrêtons-nous quelque peu sur ce mot « *maintenant* ». « *Maintenant* », c'est l'instant présent. Or **l'instant présent est le seul point de rencontre entre Dieu et nous**[19]. Le passé ne nous appartient plus, nous ne pouvons pas le changer. L'avenir n'est pas encore là. Seul l'instant présent est à notre disposition.

Nous sommes souvent tentés de vivre dans le passé en le regrettant, ou en ressassant des éventualités qui nous ont échappé : cette rumination du passé nous encombre l'esprit. Ou au contraire nous vivons dans l'avenir, soit en l'appréhendant, ce qui nous paralyse, soit en y aspirant, car nous l'idéalisons... Aussi bien le passé que le futur nous détournent alors de la réalité qui est devant nos yeux.

Marie est celle qui a parfaitement vécu l'instant présent, lieu de grâce. Jésus nous a promis : « *Je suis venu pour que les hommes aient la vie, pour qu'ils l'aient en abondance* » (Jn 10, 10). Cette abondance de vie que Jésus nous promet, Il veut nous la donner dans l'instant présent. Comme l'écrit le P. Victor Sion en paraphrasant sainte Thérèse d'Avila : « *Celui qui a l'instant présent a Dieu, et qui donc a l'instant présent a tout. L'instant présent suffit, que*

19. Cf. Victor Sion, *Pour un réalisme spirituel. 1. L'instant présent*, Éd. du Lion de Juda, 1989.

rien ne te trouble[20]. » Nous pensons peut-être parfois : « Ah, si ma situation était différente, je serais heureux, je pourrais faire telle ou telle chose, je serais un meilleur chrétien... » Or le Seigneur nous a fait naître dans telle famille, dans tel pays, dans tel milieu social. Il a permis que nous fassions tel travail, que nous vivions dans tel ou tel état de vie et c'est dans cette vie qui est la nôtre qu'Il nous attend. C'est là qu'il veut nous rencontrer et qu'il veut que nous rencontrions notre prochain.

« *Avoir la vie en abondance* », c'est, comme Marie, vivre chaque instant en présence de Dieu et le remplir d'amour. C'est nous efforcer de faire le mieux possible toutes les petites actions qui font notre vie quotidienne, pour la gloire de Dieu, par amour de lui et des hommes qui nous entourent. Parce que Marie vivait dans l'instant présent, elle était attentive à ce qui se passait autour d'elle, aux besoins de ceux qui l'entouraient, comme à Cana. Demandons à Marie de nous apprendre à vivre et à agir dans l'instant présent, attentifs à ceux qui nous entourent.

Puis nous disons : « *et à l'heure de notre mort* ». Proche où lointain, le moment viendra où l'heure de notre mort sera l'instant présent. Nous pouvons nous y préparer dès maintenant avec Marie. Pour cela, dès aujourd'hui, considérons chaque instant comme précieux parce qu'il est celui où je peux rencontrer Dieu. Alors lorsque la mort viendra, l'instant de la mort sera celui où nous verrons enfin face à face celui que nous aimons. Nous demandons à Marie de prier pour cet instant, pour qu'au moment décisif, au moment où toute notre vie avec ses hauts et ses bas se déroulera devant nos yeux, celle qui est la Mère de la miséricorde nous aide à croire en cette miséricorde et à nous jeter avec une entière confiance dans les bras de notre Père.

---

20. Victor Sion, *op. cit.*, p. 59.

3. CONSEILS PRATIQUES POUR L'ADORATION EUCHARISTIQUE

Dans l'adoration, mettons-nous à l'école de Marie, car « *la contemplation du Christ trouve en Marie son modèle indépassable*[21] ». Or qu'est ce que l'adoration eucharistique, sinon la contemplation amoureuse du visage de Jésus ?

Nous pouvons demander à Marie de nous apprendre à croire en la présence de son Fils Jésus, à le regarder avec amour, à lui parler en lui souriant. Quand nous serons devant le Saint-Sacrement, essayons de nous imaginer comment Marie regarde son Fils dans l'hostie, quels sont ses sentiments, ses pensées, son attitude. Imaginons par exemple « *le regard extasié de Marie contemplant le visage du Christ qui vient de naître et le serrant dans ses bras* ». Ce regard « *n'est-il pas le modèle d'amour inégalable qui doit inspirer chacune de nos communions eucharistiques*[22] » et, pourrions-nous ajouter, chacun de nos moments d'adoration ?

Pour cette contemplation du Christ, l'Église nous a proposé au cours des siècles un moyen privilégié : la méditation du Rosaire. En 2002, le pape Jean-Paul II nous le rappelait avec insistance en disant qu'« *une prière aussi facile et aussi riche méritait vraiment d'être redécouverte par la communauté chrétienne*[23] », car elle est « *destinée à porter des fruits de sainteté*[24] ». Le Rosaire « *concentre en lui la profondeur de tout le message évangélique, dont il est presque un résumé. Avec lui, le peuple chrétien se met à l'école de Marie pour se laisser introduire dans la contemplation de la beauté du*

21. *Rosarium Virginis Mariae,* 10.
22. *Ecclesia de Eucharistia,* 55.
23. *Rosarium Virginis Mariae,* 43.
24. *Ibid.*, 1.

visage du Christ et dans l'expérience de la profondeur de son amour[25] ». Sa méthode, destinée à favoriser l'assimilation des mystères du Christ, est « *fondée sur la répétition* », qui ne doit pas être comprise ni vécue « *d'une manière superficielle* ». Il est « *l'expression de cet amour qui ne se lasse pas de se tourner vers la personne aimée* » pour lui redire qu'on l'aime, comme dans ce dialogue où Jésus, par trois fois, demande à Pierre : « *Simon, m'aimes-tu ?* » et, par trois fois, reçoit cette réponse : « *Seigneur, tu sais bien que je t'aime !* » « *Si la répétition de l'Ave Maria s'adresse à Marie, en définitive, avec elle et par elle, c'est à Jésus que s'adresse l'acte d'amour* », dans *le désir de lui ressembler de plus en plus*[26].

Dans le chapelet nous contemplons les mystères joyeux, lumineux, douloureux et glorieux. Chaque fois nous annonçons au début de la dizaine, le nom et le contenu du mystère. Ces mots « *guident l'imagination et l'esprit vers cet épisode déterminé ou ce moment de la vie du Christ* ». Saint Ignace de Loyola encourageait à se recourir « *à l'élément visuel et à l'imagination ... pour favoriser la concentration de l'esprit sur le mystère* ». Cela correspond bien « *à la logique même de l'incarnation : en Jésus, Dieu a voulu prendre des traits humains. C'est à travers sa réalité corporelle que nous sommes conduits à entrer en contact avec son mystère divin*[27] ».

Devant le Saint-Sacrement, nous pouvons contempler Jésus dans un des mystères de sa vie. Il est là, présent sacramentellement. Grâce à notre imagination et à la Parole de Dieu, nous nous le représentons par exemple dans le sein de Marie, ou dans la crèche, ou sur la croix, ou montant au ciel. Nous vivons dans le temps, mais Dieu vit toujours au présent car il est éternel. Donc tous

---

25. *Ibid.*
26. *Ibid.*, 26.
27. *Ibid.*, 29.

les moments de la vie de Jésus sont présents dans le Saint-Sacrement que nous adorons. Nous avons devant les yeux aussi bien le bébé de la crèche que l'homme adulte sur la croix. Si nous prions seul en silence, nous pouvons nommer le mystère, puis lire le petit passage de l'Évangile correspondant. Prenons le temps de nous arrêter pour fixer notre regard sur le mystère à méditer, puis commençons la récitation des Ave Maria en gardant ce regard intérieur sur Jésus. Nous le regardons avec Marie, et nous l'aimons avec elle. Certes, nous nous adressons à Marie, mais avec elle, c'est Jésus que nous contemplons pour qu'elle nous apprenne à mieux le connaître pour mieux l'aimer.

Dans notre temps d'adoration, restons en silence : nous pouvons, si nous le désirons, choisir un, deux ou plusieurs mystères que nous aimerions méditer. Prions lentement, paisiblement. Il ne s'agit pas de dire tout un chapelet, mais de nous laisser emporter en présence de Dieu.

Par la méditation du chapelet se réalisera peu à peu en nous la prière que saint Paul faisait pour les Éphésiens : « *Que le Christ habite en vos cœurs par la foi, et que vous soyez enracinés, fondés dans l'amour. Ainsi vous recevrez la force de comprendre avec tous les saints, ce qu'est la largeur, la longueur, la hauteur et la profondeur, vous connaîtrez l'amour du Christ qui surpasse toute connaissance et vous entrerez par votre plénitude dans toute la plénitude de Dieu* » (Ep 3, 17-19).

Marie est, parmi tous les saints, celle qui a compris le plus parfaitement la profondeur de l'amour de Jésus qui surpasse toute connaissance. Elle va nous entraîner à rendre à Jésus amour pour amour. Ouvrons donc notre cœur pour accueillir Marie chez nous !

XI

Le Cœur de Jésus et l'Eucharistie

INTRODUCTION

Notre parcours nous a permis de nous arrêter en présence de Jésus-Eucharistie, d'apprendre à prier, un apprentissage qui ne finit pas, et d'être ainsi introduits dans la connaissance de Dieu, de son amour pour nous et pour tous les hommes. Plusieurs fois, nous avons évoqué la parole de Jean-Paul II nous invitant à écouter les battements du Cœur de Jésus. C'est ce Cœur adorable de Jésus, le « Sacré-Cœur » que nous allons contempler aujourd'hui. Nous connaissons tous ces images pieuses montrant le Cœur de Jésus couronné d'épines et entouré de flammes ou bien nous sommes allés prier à la basilique du Sacré-Cœur de Montmartre qui lui est dédiée. Mais que veut nous dire ce Cœur ?

1. LE SYMBOLE DU CŒUR

Quand à la Saint-Valentin les cœurs envahissent les magasins, tout le monde comprend qu'ils sont le symbole de l'amour, quelle que soit la réalité que l'on met derrière ce mot ! Le cœur est un symbole extrêmement riche. Il désigne le centre intime de l'homme. Il est non seulement le lieu des sentiments et des émotions, mais au sens biblique il est aussi le siège de la volonté, de la pensée et de la connaissance.

Le cœur est le lieu de la rencontre profonde entre deux personnes, mais aussi entre Dieu et l'homme. Saint Augustin disait : « *Dieu est plus intime à moi-même que moi-même.* » Cela veut dire que Dieu est au cœur de notre cœur, « *il est au centre de notre centre, sans se confondre en rien avec lui*[1] ». Dans l'Apocalypse, quand Jésus nous dit : « *Je me tiens à la porte et je frappe* » (Ap 3, 20), c'est du centre de nous-mêmes qu'il frappe à la porte de notre cœur. Non seulement de notre cœur « affectif », mais aussi de notre cœur capable de penser et de prendre librement une décision. Et si nous acceptons d'ouvrir notre cœur, alors « *Jésus entrera chez nous pour souper, lui près de nous et nous près de lui* » (Ap 3, 20). Cette image du repas révèle l'intimité que Dieu veut vivre avec chacun de nous, comme si nous étions unique au monde !

Les Pères du concile Vatican II nous ont redit que Jésus « *nous a tous aimés* ***avec un cœur d'homme***[2]. » Marie est la première qui a fait l'expérience de ce cœur vivant. Si elle avait vécu à notre époque, à l'échographie elle aurait pu voir battre le cœur de son Jésus, elle aurait pu entendre avec ravissement ce petit cœur bien distinct du sien. Lorsque nous parlons du Cœur de Jésus, nous ne considérons pas uniquement le muscle cardiaque : le cœur a une dimension symbolique.

Premièrement le cœur symbolise le **mystère de la personne dans son unité intérieure, son intimité.** En ce qui concerne Jésus, on vise ainsi le mystère de sa Personne divine de Fils de Dieu ayant pris pleinement notre nature humaine, le mystère de **l'union de la nature divine et la nature humaine de Jésus.**

Deuxièmement, le cœur symbolise l'amour. Il ne vise pas uniquement le sentiment amoureux : en effet donner

1. Père Pascal Ide.
2. CEC 478.

son cœur c'est remettre sa vie à celui qu'on aime. En Jésus, **l'amour qui le fait vivre est tout autant l'amour pour son Père que l'amour pour nous les hommes, sa charité divine.**

Enfin le Cœur de Jésus a une place toute centrale dans l'événement de la Passion, dans l'histoire de notre salut. Saint Jean rapporte le coup de lance (Jn 19, 31-37) qui fait jaillir les fleuves d'eau vive (Jn 7, 37-39). La préface de la fête du Sacré-Cœur dit : « ***De son côté transpercé,*** *laissant jaillir le sang et l'eau,* ***il fit naître les sacrements*** *de l'Église* [le baptême et l'eucharistie], *pour que tous les hommes, attirés vers son cœur, viennent* ***puiser la joie aux sources vives du salut.*** » Cette source vive du salut qui nous donne la joie, c'est l'Esprit Saint en personne « *qui jaillit du Christ crucifié comme de sa source*[3] ». **Le Cœur de Jésus transpercé apparaît ainsi comme un résumé de l'acte qui nous sauve et du salut qui nous est acquis.** Il n'est donc pas surprenant que Jésus lui-même, dans ses apparitions à Marguerite-Marie, ait associé son Cœur au « *sacrement d'amour* » qu'est l'Eucharistie. D'autre part, à travers l'Eucharistie Jésus donne véritablement la vie à son Église. L'Eucharistie est le cœur de l'Église.

2. JÉSUS, DOUX ET HUMBLE DE CŒUR

Jésus parle une seule fois directement de son cœur dans l'Évangile. Saint Matthieu nous rapporte ses paroles : « *Venez à moi, vous tous qui peinez et ployez sous le fardeau et moi je vous soulagerai. Chargez-vous de mon joug et mettez-vous à mon école, car je suis doux et humble de cœur, et vous trouverez soulagement pour vos âmes. Oui, mon joug est doux et mon fardeau*

3. CEC 694.

léger» (Mt 11, 28-29). Tout commence par un appel : **« *Venez à moi !* »** Mais cet appel pressant peut nous faire peur; nous nous demandons quels sacrifices ou quels renoncements Jésus va exiger de nous. Comment ne pas être paralysé dans un premier temps au souvenir de cette autre parole : « *Qui ne prend pas sa croix et ne marche pas derrière moi, n'est pas digne de moi !* » (Mt 10,38.) Mais cette croix qui nous fait peur, chacun de nous la porte déjà, elle fait partie de notre vie, que nous soyons chrétiens ou non... Et Jésus connaît, sans le minimiser, le fardeau qui est nôtre C'est par tendresse qu'il nous dit : « *Chargez-vous de mon joug* » puis « *Mon joug est léger* ». Il ne parle pas du joug de la loi qui pesait sur les Juifs par de nombreuses règles à respecter, mais du joug de l'amour qui nous relie à lui. Il nous redonne l'image du joug par lequel on liait deux animaux, diminuant ainsi de moitié le poids de la charge. Aussi, unis à Jésus par l'amour, sous ce même joug qui est amour, il nous aidera à porter ce fardeau sous lequel nous ployons.

Bien sûr cela ne veut pas dire que, comme par magie, notre vie sera exempte de difficultés pour la seule raison que nous sommes chrétiens ! Nous ne serons pas plus épargnés que les autres par des problèmes de chômage, de maladie, d'argent. Il nous arrivera encore de rater des examens, d'avoir des enfants qui font fausse route... Mais nous vivrons tout cela avec Jésus à nos côtés, comme il le disait à sœur Faustine : « *Tu ne seras pas seule. Je suis toujours et partout avec toi. Blottie sur mon cœur, tu n'as rien à craindre.* »

- **L'humilité**

« *Venez à moi* ». Jésus veut nous faire trouver le repos pour nos âmes, et pour cela nous invite à son école. Il ajoute : « C'est moi le maître d'école », car « *je suis doux et humble de cœur* ». Quelles matières veut-il nous enseigner ? – humilité et douceur.

Nous pouvons nous dire : « Pas de chance ! C'est justement, dans ces matières que je suis nul ! Je voudrais être humble et doux, mais je constate trop souvent que je suis orgueilleux, impatient, agressif, violent ! » Jésus nous dit alors : « Je sais tout cela, mais je t'attends tel que tu es, car je t'aime. »

Rappelez-vous ce que nous disait Mère Teresa dans son testament : « *Mes enfants, vous n'avez pas à être différents pour que Jésus vous aime. Croyez simplement que vous lui êtes précieux. Apportez vos souffrances à ses pieds et ouvrez seulement votre cœur pour qu'il vous aime tels que vous êtes. Et lui fera le reste.* »

Comment pourrions-nous avoir peur de quelqu'un qui est humble ? Vous en avez tous déjà fait l'expérience : quand nous avons à faire à une personne humble et douce, nous nous sentons accueillis et acceptés tel que nous sommes. Nous pouvons alors donner le meilleur de nous-mêmes. Si l'orgueil et la violence sont contagieux, l'humilité et la douceur le sont aussi. Auprès d'une personne douce et humble, l'orgueil et l'agressivité fondent peu à peu comme neige au soleil ; combien plus auprès de Jésus ! Demandons à Jésus, qui est doux et humble de cœur, de nous montrer toutes les fois où nous réagissons par orgueil ; parfois, à cause de notre orgueil piqué à vif, nous nous rebiffons sous ce que nous considérons comme une offense, une attaque, jusqu'à refuser de pardonner. Le saint curé d'Ars disait que « l'*humilité est pour les vertus comme la chaîne du chapelet ; si la chaîne est brisée, les grains s'en vont ;* ***si l'humilité cesse, toutes les vertus disparaissent***[4] ». L'humilité n'est jamais acquise une fois pour toutes. On connaît cette phrase : « *Il faut beaucoup d'humiliations pour faire un peu d'humilité !* » Il faudrait préciser : il faut beaucoup d'humiliations **acceptées** pour nous rendre humbles.

4. *Feu et Lumière* n° 241, p. 6.

Se mettre à l'école de Jésus, c'est devenir, comme lui, doux et humble de cœur par son contact. Jésus nous apprend l'humilité quand nous sommes à genoux devant lui. C'est la prière bien connue : « *Jésus, doux et humble de cœur, rends nos cœurs semblables au tien.* » Pierre Goursat, le fondateur de la Communauté de l'Emmanuel, disait que cela s'apprenait dans l'adoration, « *parce que, dans l'adoration, le Seigneur nous parle cœur à cœur et nous instruit doucement comme il le faisait avec Marie*[5] ». À la parole de Jésus : « *Je ne vous appelle plus serviteurs, mais amis* » (Jn 15, 15), Pierre Goursat ajoutait : « *Les amis de Jésus, ce sont ceux qui aiment vraiment Jésus et qui ont un cœur vulnérable*[6]. »

3. UN CŒUR VULNÉRABLE

Un cœur vulnérable, ce n'est pas un cœur qui s'apitoie seulement sur lui-même, mais c'est un cœur qui se laisse blesser par la souffrance de l'autre. Or l'Église a commencé à la Pentecôte par des « *cœurs transpercés* ». Rappelons-nous la fin du discours de Pierre et la réaction de ses auditeurs : « "*Que toute la maison d'Israël le sache donc avec certitude : Dieu l'a fait Seigneur et Christ, ce Jésus que vous, vous avez crucifié. D'entendre cela, ils eurent* ***le cœur transpercé*** » (Ac 2, 36-37). Quand Jésus était en croix à la vue de tous, la plupart des spectateurs étaient restés indifférents. De même à la Pentecôte, les paroles de Pierre n'auraient pas suffi par elles-mêmes à « *transpercer le cœur* » des auditeurs. Mais l'Esprit Saint lui-même vient révéler à chacun son péché, sa part de complicité dans la mort de Jésus.

En effet, nous dit le pape Jean-Paul II dans l'encyclique

5. Janvier 1983.
6. Juillet 1983.

Dominum et vivificantem[7], seul l'Esprit Saint, qui « *sonde les profondeurs de Dieu* », peut nous faire saisir le mal du péché dans toute sa douloureuse réalité d'offense à Dieu, de refus de son amour. Dieu est absolument parfait, ce qui exclut en lui toute souffrance provenant de manques ou de blessures. Cependant, « *dans les "profondeurs de Dieu" il y a un amour de Père qui, face au péché de l'homme, réagit, selon le langage biblique, jusqu'à dire : "Je me repens d'avoir fait l'homme" (cf. Gn 6, 7) ... Plus souvent, le Livre saint nous parle d'un Père qui éprouve de la compassion pour l'homme, comme s'il partageait sa souffrance*[8]. » Dans le Christ crucifié, cette mystérieuse « souffrance » d'un Dieu blessé par le péché de l'homme « *acquiert, par l'Esprit Saint, toute son expression humaine ... Dans le Christ souffre un Dieu repoussé par sa propre créature*[9]... »

Quand nous contemplons le cœur transpercé de Jésus et les blessures qui lui ont été infligées, nous voyons la « souffrance » de Dieu concrétisée dans l'humanité de Jésus. Nous voyons à quoi ressemble un « *Dieu repoussé par sa créature* » : **cela lui transperce le cœur.** Mais au même instant, nous avons aussi sous les yeux la preuve éclatante de sa miséricorde quand le Fils de Dieu donne sa propre vie pour nous. La croix nous montre toujours à la fois la gravité de notre péché qui transperce le cœur de Jésus et la preuve de son immense amour.

En voyant cela, comment notre cœur ne serait-il pas également « *transpercé* », bouleversé, empli de compassion pour ce Dieu qui nous aime tant ? Suivons encore Jean-Paul II. Par cette révélation de l'amour miséricordieux qui atteint son sommet sur la croix, Jésus vient frapper à la porte du cœur de tout homme, sans

7. *Dominum et vivificantem*, 39.
8. *Ibid.*
9. *Ibid.*, 41.

contraindre sa liberté. Il cherche à éveiller en nous un amour qui soit non seulement un acte d'union avec lui dans sa souffrance, mais aussi un amour de compassion pour lui, le Fils du Père éternel[10]. Et Jean-Paul II ajoute : « *Dans la révélation de la miséricorde par la croix, la dignité de l'homme pourrait-elle être plus respectée et plus grande, puisque cet homme, s'il est objet de la miséricorde, est aussi en même temps en un certain sens celui qui "exerce la miséricorde*[11]. » Dieu pourrait-il nous conférer une plus grande dignité qu'en nous demandant d'être miséricordieux envers lui ?

Devant le cœur transpercé de Jésus, nous allons réagir :

• Notre cœur est transpercé à la vue de la souffrance de Jésus causée par notre refus de son amour et il est bouleversé par l'amour que Jésus nous manifeste en donnant sa vie pour nous.

• La compassion pour Jésus qui naît alors en notre cœur éveille en nous le désir de ne plus le faire souffrir. Comme les Juifs à la Pentecôte nous demandons : « *Que devons nous faire ?* » Et Pierre nous répond : « *Repentez-vous et faites vous baptiser* » (Ac 2, 38). C'est en regardant Jésus sur la croix que nous aurons le désir et la force de renoncer au péché, non pas à la force du poignet, mais par amour et par compassion pour Jésus.

• De là va naître en nous le besoin de ramener tout homme à Jésus. Une fois que notre cœur a été transpercé à la vue de la souffrance et de l'amour de Jésus, nous n'aurons plus de cesse de faire en sorte que tous les hommes sachent à quel point ils sont aimés de Dieu. Nous le ferons par compassion pour eux, car nous savons qu'ils ne trouveront leur bonheur qu'en faisant

---

10. Cf. *Dives in misericordia,* 8.
11. *Ibid.*

l'expérience de cet amour. Et nous le ferons par compassion pour Jésus qui meurt d'amour sur la croix et qui ne veut perdre aucun de ses enfants.

Dans un XVIIe siècle marqué par la peur de Dieu, Jésus est apparu en personne pour rappeler la vérité fondamentale de son amour pour les hommes, amour trop oublié. Il révéla à sainte Marguerite-Marie, une religieuse de la Visitation à Paray-le-Monial, son cœur brûlant d'amour. Ainsi nous est rappelé que, « *dans le Christ, Dieu a vraiment assumé un "cœur de chair". Il n'a pas seulement un cœur divin, riche en miséricorde et en pardon, mais il a aussi* ***un cœur humain, capable de toutes les vibrations de l'affection***[12] ». Lors de sa première apparition, Jésus a dit à Marguerite-Marie : « *Mon divin cœur est si* ***passionné d'amour pour les hommes,*** *et pour toi en particulier, que ne pouvant plus contenir en lui-même les flammes de son ardente charité, il faut qu'il les répande par ton moyen* ». Sainte Marguerite-Marie représente chacun de nous quand Jésus lui dit : « *Mon cœur est si passionné d'****amour pour toi en particulier.*** » Et après nous avoir redit qu'il nous aimait passionnément, Jésus nous demande aussitôt de l'aider à « *répandre les flammes de son amour* ». Il a choisi Marguerite-Marie « *comme instrument pour attirer des cœurs à son amour* » et aujourd'hui, c'est **nous qu'il choisit** pour continuer d'attirer des cœurs à cet amour.

Lors de son pèlerinage à Paray-le-Monial en 1986, le pape Jean-Paul II a « *demandé qu'on rende un culte fidèle au Sacré-Cœur, car c'est auprès du Cœur du Christ que le cœur de l'homme reçoit la capacité d'aimer*[13] ». Dans l'adoration, nous faisons l'expérience qu'auprès de

---

12. *Rosarium Virginis Mariae*, 26.
13. Jean-Paul II à Mgr Séguy, évêque d'Autun.

l'Eucharistie nous recevons la capacité d'aimer. En effet, le Cœur de Jésus bat dans l'hostie consacrée. Jésus parle indifféremment de son Cœur et du « *sacrement d'amour* ». Alors qu'elle adorait le Saint-Sacrement, Jésus apparut à Marguerite-Marie et, en lui montrant son Cœur, lui dit : « *Voilà ce* ***Cœur*** *qui a tant aimé les hommes, qu'il n'a rien épargné jusqu'à s'épuiser et se consommer pour leur témoigner son amour; et pour reconnaissance je ne reçois de la plupart que des ingratitudes... par les froideurs et les mépris qu'ils ont pour moi dans ce* ***sacrement*** *d'amour.* » Et une autre fois Jésus lui dit, en parlant de l'Eucharistie, cette phrase que nous avions déjà citée en partie au chapitre premier et qui correspond à ce que nous essayons de vivre à travers cette initiation à l'adoration eucharistique : « *J'ai soif, mais d'une soif si ardente d'être aimé des hommes au Saint-Sacrement, que cette soif me consume.* » Et Jésus ajoutait : « *Et je ne trouve personne qui s'efforce, selon mon désir, pour me désaltérer, en rendant quelque retour à mon amour.* »

Voici les phrases clés du message de Paray-le-Monial.

Jésus affirme son amour passionné pour nous :

- « Mon cœur est passionné d'amour pour les hommes. »
- « Je ne peux plus contenir les flammes de mon amour. »
- « Je veux répandre ces flammes par ton moyen. »
- « J'ai une soif ardente d'être aimé des hommes au Saint-Sacrement. »

Mais Jésus se plaint aussi auprès de Marguerite-Marie :

- « Je ne trouve personne qui s'efforce de me désaltérer en rendant quelque retour à mon amour. »
- « Je ne reçois de la plupart que des ingratitudes, de la froideur, du mépris dans le Sacrement d'amour. »

Cette soif ardente que Jésus a de notre amour, il l'avait déjà exprimée par son cri sur la croix : « ***J'ai soif*** » (Jn 19, 28). C'est ce cri de Jésus que Mère Teresa a fait inscrire sur les murs de toutes ses maisons et qu'elle nous rappelle dans son Testament : « *Mes enfants très chers, Jésus veut que je vous dise encore combien il a d'amour pour chacun d'entre vous, au-delà de tout ce que vous pouvez imaginer. Il vous désire ardemment. Vous lui manquez quand vous ne vous approchez pas de lui. Il a soif de vous*[14]. »

C'est aussi le cri de saint François parcourant les rues d'Assise en pleurant : « *L'amour n'est pas aimé !* »

L'amour n'est pas aimé. Or c'est le tout premier des commandements que Jésus est venu nous rappeler : « *Tu aimeras le Seigneur ton Dieu de tout ton cœur, de toute ton âme, de tout ton esprit et de toute ta force* » (Mc 12, 29), c'est-à-dire de toutes tes capacités. Par ce commandement, Dieu, le Tout-Puissant, vient mendier notre amour. Thérèse de Lisieux l'avait bien compris qui écrivait : « *Dieu n'a pas craint de mendier un peu d'eau à la Samaritaine. Il avait soif... Mais en disant : "Donne-moi à boire", c'était l'amour de sa pauvre créature que le Créateur de l'univers réclamait. Il avait soif d'amour... Ah ! je le sens plus que jamais, Jésus est altéré, il ne rencontre que des ingrats et des indifférents... et il trouve peu de cœurs qui se livrent à lui sans réserve, qui comprennent toute la tendresse de son Amour infini*[15]. »

4. L'HEURE SAINTE

Lors d'une apparition, Jésus confia à Marguerite-Marie : « *C'est à Gethsémani que j'ai plus souffert que*

14. *Testament spirituel, loc. cit.*
15. *Manuscrit B*, 1v°.

dans tout le reste de ma passion, me voyant dans un délaissement général du ciel et de la terre, chargé des péchés de tous les hommes... il n'y a point de créature qui puisse comprendre la grandeur des tourments que je souffris alors. » Il ajoutait que ce qui lui fait le plus mal, c'est notre indifférence, notre froideur après tout ce qu'il a fait pour nous, ainsi que notre manque de confiance envers sa miséricorde. Sœur Faustine a écrit que les âmes fermées à la miséricorde sont celles qui « *ont plongé Jésus dans une mortelle tristesse au jardin des Oliviers*[16] ». À Gethsémani, Jésus a vu toutes les souffrances qu'il devait subir, mais il a vu aussi toutes ces personnes qui, au cours des siècles, refuseraient son amour jusqu'au bout, rendant vain son sacrifice pour elles. Lui qui venait d'instaurer l'Eucharistie, il a aussi vu l'indifférence et le mépris dont ce sacrement de l'amour allait être l'objet.

C'est pourquoi Jésus a demandé à Marguerite-Marie de venir lui tenir compagnie dans la prière pendant une heure chaque jeudi soir pour participer à son agonie, pour réparer toutes les froideurs des hommes envers lui et pour le consoler. De là est née la pratique de l'heure sainte, dont le cardinal Wojtyla disait dans sa retraite prêchée au Vatican en 1976 : « *... l'Église recherche sans cesse cette heure perdue dans le jardin des Oliviers, perdue par Pierre, Jacques et Jean, pour réparer cette désertion, et cette solitude du Maître qui a accru sa souffrance*[17]*...* »

Nous sommes tous appelés à venir tenir compagnie à Jésus au jardin des Oliviers, à venir consoler son Cœur, à venir réparer par notre amour l'indifférence dont il est l'objet.

---

16. *Petit Journal*, 1507.

17. K. Wojtyla, *Le signe de contradiction. Retraite au Vatican*, Communio/Fayard, 1979, p. 192.

5. CONSOLER JÉSUS DANS L'ADORATION

Comment consoler Jésus ?

Eh bien, tout d'abord, simplement par notre **présence dans la prière.** Certains jours, dans la prière, nous ressentons l'amour pour Jésus dans notre cœur, nous sommes remplis de joie ou de compassion. Mais nous le savons bien tous : d'autres fois, nous ne ressentons rien du tout, nous sommes dans une sécheresse totale, nous ennuyant tellement que nous aimerions prendre nos jambes à notre cou ! D'autres fois nous dormons comme Pierre, Jacques et Jean… Quand ces périodes de sécheresse durent trop longtemps, des mois, parfois des années, nous sommes tentés d'abandonner la prière. Mais Jésus nous supplie de rester ; il veut être désiré, recherché pour lui-même. Il nous dit : « *Venez à moi, veillez avec moi,* j'ai besoin de vous, *j'ai soif* de votre amour ». Consoler Jésus, ce n'est pas seulement avoir de grands sentiments de compassion envers lui, c'est aussi et surtout rester avec lui, lui tenir compagnie même quand nous ne ressentons rien du tout. Dans ces temps de sécheresse absolue, le simple fait de demeurer physiquement dans l'église est déjà une prière. Sainte Thérèse d'Avila disait que dans ces moments-là, nous sommes comme les statues dans les églises : elles ne font rien, mais par leur présence elles glorifient Dieu. Sainte Thérèse conseillait aussi de méditer sur la passion de Jésus pour raviver l'amour dans notre cœur. À ces heures, lorsque nous continuons notre adoration à travers la prière personnelle chez nous, il nous faut d'autant plus veiller à éviter autour de nous les motifs de distraction, que nous avons à combattre la tentation de faire mille choses semble-t-il bien plus intéressantes.

Nous consolerons aussi Jésus par notre **confiance** envers lui, envers sa miséricorde, en venant chercher **refuge** auprès de lui, comme Dieu le Père le disait à sainte Catherine de Sienne : « *Votre refuge doit être le Christ crucifié, mon Fils unique. C'est dans la plaie de son côté que vous devez vous réfugier. Demeurez là, vous y goûterez par sentiment d'amour, en cette nature humaine, ma nature divine. Dans ce cœur ouvert vous trouverez la charité, envers moi et envers le prochain*[18]. »

Consoler Jésus, c'est lui dire et lui redire : « Jésus, je crois à ton sacrifice pour moi et pour tous les hommes. Jésus, je te remercie de tout ce que tu as fait pour moi. Jésus, je te demande pardon de tous mes refus de t'aimer et d'aimer mes frères. Jésus, j'ai confiance en toi ; j'attends tout de toi. » Redisons-lui aussi les mots de Marguerite-Marie : « *Ô cœur d'amour, je mets toute ma confiance en vous, car je crains tout de ma faiblesse, mais j'espère tout de votre bonté*[19]. »

Et puis surtout, venons le consoler en lui **présentant le monde entier** avec une entière confiance, ce monde sur lequel « *il veut répandre les flammes de son amour* » qui débordent de son cœur. Venons supplier le Seigneur de faire miséricorde à tous les hommes ; venons lui présenter ceux qui nous sont proches, famille, voisins, collègues, mais aussi ceux dont nous apprenons la détresse par les informations à la télévision, ceux qui n'ont jamais entendu parler de lui et ceux qui le connaissent et refusent son amour. Pierre Goursat disait que de l'adoration découle la compassion, source de toute évangélisation. Il ajoutait : « *Si Jésus est avec nous, Il est aussi en nous et nous sommes tous avec Lui. Et toutes les souffrances du monde, et tous les êtres qui souffrent, qui désespèrent, qui sont dans une très grande souffrance, le Seigneur est avec eux. Si bien que lorsqu'on adore le Seigneur, on compatit à toutes les souffrances : ses souffrances à Lui*

18. *Le Dialogue*, 3e réponse, chap. 15, éd. Téqui, t. II, p. 69.
19. Paroles inscrites sur la châsse de sainte Marguerite-Marie à Paray-le-Monial.

et toutes les souffrances des autres. Et surtout à celles qui ne sont pas offertes… Et dans la compassion de l'adoration, nous devons dire au Seigneur : Voilà, nous te prions pour ceux qui ne te prient pas et qui ne savent pas te prier. »

Il n'y a rien de tel que la prière pour les autres pour raviver l'amour dans notre cœur, cet amour qui nous fera passer à l'acte. Car, comme le dit saint Jean : « *Petits enfants, n'aimons ni de mots ni de langue, mais en actes et en vérité* » (1 Jn 3, 18). C'est ce que nous aborderons au chapitre suivant.

Jésus nous attend dans l'Eucharistie. Le saint curé d'Ars disait : « *Que fait Notre Seigneur dans le saint tabernacle ? Il nous attend. Il est là avec son* ***bon cœur*** *qui attend que nous allions lui dire nos besoins et le recevoir.* » Sœur Faustine, elle, disait que « *le cœur miséricordieux de Jésus est comme un porche grand ouvert qui nous mène droit au ciel.* »

Concluons avec les mots du pape Jean-Paul II lors de la fermeture de la porte de l'Année Sainte à Rome : « *Tandis qu'aujourd'hui se ferme, avec la Porte sainte, un "symbole" du Christ,* ***le Cœur du Christ demeure plus que jamais ouvert.*** *Il continue à dire à l'humanité, qui a besoin d'espérance et de sens : "Venez à moi, vous tous qui peinez sous le poids du fardeau, et moi, je vous procurerai le repos" (Mt 11, 28)*[20]. »

---

20. Jean-Paul II, Homélie du 6 janvier 2001.

XII

Eucharistie et mission

INTRODUCTION

Tout au long de notre parcours, nous avons essayé d'apprendre à nous tenir en présence de Dieu, à le prier, à le mieux connaître. À chaque étape, nous avons pu repérer que cette démarche ne nous refermait pas sur nous-mêmes, comme si nous avions un « Jésus à nous ». Nous avons vu combien nous étions invités à vivre toujours plus en Église, tournés vers ce monde pour lequel Jésus a donné sa vie. Aussi ce dernier chapitre se veut être une sorte d'envoi en mission. Le pape Jean-Paul II écrivait : « *L'envoi à la fin de chaque messe constitue une consigne qui pousse le chrétien à s'engager pour la diffusion de l'Évangile et pour l'animation chrétienne de la société*[1]. » La « *consigne* », pour reprendre son expression, ne peut être plus claire : diffuser l'Évangile et animer chrétiennement la société. Elle peut paraître d'autant plus urgente compte tenu du monde dans lequel nous vivons en ce début du IIIe millénaire. Mais finalement il s'agit simplement de l'appel que Jésus lance à ses apôtres : « *Allez donc, de toutes les nations faites des disciples* » (Mt 28, 19).

---

1. *Mane nobiscum Domine,* 24.

1. ACCUEILLIR L'AMOUR DE JÉSUS

Au chapitre précédent, nous avons médité la parole de Jésus à sainte Marguerite-Marie : « *Mon divin cœur est si passionné d'amour pour les hommes, et pour toi en particulier ... que ne pouvant plus contenir en lui-même les flammes de son ardente charité,* ***il faut qu'il les répande par ton moyen.*** » Le désir de Jésus est donc que nous accueillions son amour jusqu'à en déverser le trop-plein sur les femmes et les hommes de notre temps.

Accueillir l'amour de Jésus : voilà ce que nous avons essayé de vivre à travers ce parcours. Rappelons-nous les paroles du pape Benoît XVI aux jeunes lors des Journées mondiales de la jeunesse de Cologne : « *Le mot grec [pour adoration] est « proskynesis ». Il signifie le geste de la soumission, la reconnaissance de Dieu comme notre vraie mesure, dont nous acceptons de suivre la règle ... Le mot latin pour adoration est « ad-oratio », [c'est-à-dire] contact bouche à bouche, baiser, étreinte et donc, en définitive, amour*[2]. »

Certains d'entre nous ont peut-être fait une expérience sensible, parfois bouleversante, de cet amour. D'autres l'attendent. En effet, il ne dépend pas de nous d'éveiller l'amour sensible : Dieu en fait don « *à l'heure de son bon plaisir* », selon les mots du Cantique des Cantiques (le bien-aimé insiste par trois fois : « *Je vous en conjure, filles de Jérusalem, n'éveillez pas, ne réveillez pas mon amour* ***avant l'heure de son bon plaisir !*** » [Ct 2, 7 ; 3, 5 ; 8, 4]). Seul Dieu, qui nous connaît mieux que nous-mêmes, connaît les temps et les moyens justes et bons.

Par contre, relève de notre responsabilité la persévérance confiante dans la prière; soyons sûrs que Jésus

2. Homélie du 21 août 2005.

nous aime, même si nous ne ressentons rien. Suivons le conseil de sainte Thérèse de l'Enfant-Jésus : « *Ne craignez pas de dire à Jésus que vous l'aimez, même sans le sentir. C'est le moyen de forcer Jésus à vous secourir et à vous porter comme un petit enfant.* »

Si nous n'avons pas fait l'expérience sensible de l'amour de Jésus, il est rare de ne pas avoir déjà ressenti quelques-unes de ses délicatesses à notre égard : instants, parfois très courts, où une parole, une pensée, un chant, le sourire d'une personne, m'ont évoqué cet amour. Ils nous témoignent déjà que Jésus est vivant et qu'il nous aime. Nous nous appuyons sur ces instants pour dire à Jésus notre foi, l'offrande de nous-mêmes dans la confiance : « Jésus, je crois en ton amour pour nous, même si je ne le ressens pas, et je t'aime. Apprends-moi à t'aimer chaque jour un peu plus. » Et par cet acte de foi, je dépasse toujours l'expérience de mes sens !

Dans *Mane nobiscum Domine* le pape Jean-Paul II écrivait : « *La présence de Jésus dans le tabernacle doit constituer comme* ***un pôle d'attraction*** *pour un nombre toujours plus grand d'âmes pleines d'amour pour lui et capables de rester longuement* ***à écouter sa voix et à entendre presque les battements de son cœur***[3]. »

Certes la présence eucharistique de Jésus n'est pas souvent un pôle d'attraction « sensible » ; nous n'avons que rarement la conscience d'entendre les battements du cœur de Jésus. Pourtant, si nous vivons une fidélité à nous tenir devant lui, nous pouvons être sûrs de faire partie de ces « *âmes pleines d'amour pour Jésus* ». La vivacité de l'amour ne se mesure pas aux sentiments mais aux actes libres posés pour aimer, en l'occurrence nos actes de foi, notre présence confiante et attentive devant le Saint-

3. *Mane nobiscum Domine*, 18.

Sacrement (ou dans la prière chez nous). Ainsi nous témoignons à Jésus notre amour, en suivant le critère de saint Jean : « *Petits enfants, n'aimons ni de mots ni de langue, mais en actes et en vérité* » (1 Jn 3, 18).

2. FAIRE NÔTRE LE DÉSIR DE JÉSUS DE RÉPANDRE SON AMOUR SUR TOUS LES HOMMES

Vouloir répandre l'amour de Jésus sur ceux qui nous entourent constitue un pas de plus dans notre amitié avec lui. Ce pas se place cependant dans la continuité, la logique de l'accueil de cet amour. Dans l'amitié, je ne peux désirer rien d'autre que ce que désire mon ami. Or Jésus a tellement soif d'être aimé des hommes au Saint-Sacrement de son amour que cette soif le consume. Et, selon sa confidence à Marguerite-Marie, il ne trouve personne pour répondre à cet amour.

À la suite des Journées mondiales de la jeunesse, l'archevêque de Cologne, le cardinal Joachim Meissner, disait aux évêques allemands : « *Dans l'Eucharistie nous n'adorons et nous ne voyons pas un Christ qui voudrait seulement demeurer parmi les hommes, mais un Christ qui veut nous emmener vers son Père*[4]. » Et pour cela Jésus aime utiliser les liens en humanité qui nous unissent les uns aux autres. À chacun personnellement il demande de lui présenter ces hommes qu'il veut conduire au Père.

Jésus nous appelle, il nous choisit par pure grâce, comme il avait choisi sainte Marguerite-Marie « *comme instrument pour attirer des cœurs à son amour* ». De tout temps Jésus choisit des disciples pour être témoins de son amour. Jean-Paul II disait : « *La rencontre avec le Christ, approfondie en permanence dans l'intimité*

4. Le 22 septembre 2005.

eucharistique, suscite dans l'Église et chez tout chrétien ***l'urgence du témoignage et de l'évangélisation***[5]. »

Nous ne sommes peut-être pas conscients de l'urgence du témoignage ; nous avons parfois l'impression que Dieu n'intéresse pas notre entourage. Pourtant il est certain que les hommes de notre temps cherchent Dieu, qu'ils ont soif de lui, même sans le savoir. Jean-Paul II définissait l'homme comme étant « *l'être qui cherche Dieu* ». Ces milliers de jeunes qui accourent aux JMJ nous le prouvent chaque fois.

Dieu est si proche des hommes, mais ceux-ci ne le savent pas ! Mystérieusement, tout homme en a comme une connaissance obscure. Le jour de la fête du Sacré-Cœur, l'Église nous fait entendre dans la première lettre de saint Jean : « *Bien-aimés, aimons-nous les uns les autres, puisque l'amour est de Dieu et que* ***quiconque aime*** *est né de Dieu* ***et connaît Dieu*** » (1 Jn 4, 7). « *Quiconque aime, connaît Dieu* ». Or tout homme a une connaissance plus ou moins forte mais réelle de l'amour.

Dans son encyclique *Dieu est amour,* le pape Benoît XVI montre l'unité de l'amour. Certes, l'homme fait l'expérience de la nécessité de mûrir, de purifier son amour, mais tout amour vise à l'éternité. Il se révèle ainsi chemin, « *allant du je enfermé sur lui-même vers sa libération dans le don de soi, et précisément ainsi vers la découverte de soi-même, plus encore vers la découverte de Dieu*[6]. »

Si nous voulons parler de Dieu à nos contemporains, rejoignons-les d'abord dans le reflet qu'ils en ont au niveau humain, rejoignons-les par l'amour. Non pas l'amour captatif qui se sert de l'autre en vue de sa propre jouissance, mais l'amour-don qui trouve sa joie à rendre

5. *Mane nobiscum Domine,* 24.
6. *Deus caritas est,* 6.

l'autre heureux : Dieu en est la source, lui qui nous a créés par amour et nous rend capables d'aimer.

Chaque fois que nous aimons une personne « *en actes et en vérité* », nous lui révélons un aspect de l'amour de Dieu. Chacun de nous est appelé à être un reflet unique et irremplaçable de l'amour de Dieu. « *Tu vois la Trinité quand tu vois la charité*[7]. »

« *Évangéliser, c'est aimer*[8] *!* » On pourrait aussi bien dire : « Aimer, c'est évangéliser. » C'est par l'amour et la miséricorde que nous évangéliserons. Nous pouvons le faire de trois façons : en actes, en paroles et par la prière. C'est suivant ce triptyque que Jésus demandait à sœur Faustine de vivre la miséricorde partout et toujours :

« *Je te donne trois moyens pour exercer la miséricorde envers le prochain : le premier c'est l'action ; le second, la parole ; le troisième, la prière. Ces trois degrés renferment la plénitude de la miséricorde et c'est la preuve irréfutable de l'amour envers Moi*[9]. »

3. ANNONCER L'ÉVANGILE

3.1 Par l'amour vécu en « actes et en vérité »

Explicitons ces trois moyens que Jésus indique à Faustine : actes, parole, prière. Tout d'abord les actes.

Saint Paul exhortait les Romains à ***« être vainqueurs du mal par le bien »*** (Rm 12, 21). Le pape Benoît XVI expliquait aux jeunes rassemblés à Cologne que cette victoire du bien sur le mal a son origine dans l'Eucharistie. « *En faisant du pain son corps et du vin son sang, Jésus anticipe sa mort, il l'accepte au plus profond de lui-même et*

7. Saint Augustin, *De Trinitate*, VIII, cité dans *Deus caritas est*, 19.
8. Jean-Luc Moens, *Évangéliser, c'est aimer*, Éd. de l'Emmanuel.
9. *Petit Journal*, 742.

il la transforme en un acte d'amour. » Le pape ajoute une comparaison étonnante : c'est comme « *une fission nucléaire au plus intime de l'être – la victoire de l'amour sur la haine, la victoire de l'amour sur la mort. Seule l'explosion intime du bien qui vainc le mal peut alors engendrer la chaîne des transformations qui, peu à peu, changeront le monde. C'est pourquoi nous parlons de rédemption : ce qui du plus profond était nécessaire se réalise et nous pouvons entrer dans ce dynamisme*[10]*...* »

Nous entrons dans ce processus dont l'essentiel a déjà eu lieu :

- En acceptant sa mort, Jésus la transforme en acte d'amour ;
- puis il transforme le pain en son Corps ;
- nous recevons ce Corps dans la communion ;
- ce Corps nous transforme à notre tour car nous devenons son Corps, « *consanguins avec Lui* » ;
- et « *entre nous nous devenons un* ».

Le pape précise : dans l'eucharistie, « *l'adoration devient ... union. Dieu n'est plus seulement en face de nous comme le Totalement Autre. Il est au-dedans de nous, et nous sommes en lui.* ***Sa dynamique nous pénètre*** *et, à partir de nous, elle veut se propager aux autres et s'étendre au monde entier, pour que son amour devienne réellement la mesure dominante du monde*[11] ».

Prenons-en conscience : c'est déjà fait, l'amour a vaincu la mort, et à chaque communion, la dynamique de cette victoire nous est transmise. La réaction est en chaîne : si l'un de nous tombe dans les bras du Père avec Jésus, il en entraîne d'autres à sa suite. C'est ce qu'ont vécu les saints. Or nous sommes tous appelés à devenir des saints !

---

10. Homélie du 21 août 2005.
11. *Ibid.*

À nous de transmettre cette dynamique de l'amour en vivant l'amour « *en actes et en vérité* ». Non pas forcément par de grandes actions spectaculaires, mais par ces petits actes d'amour discrets que notre entourage ne remarquera peut-être même pas. Jean-Paul II disait : « ***L'Eucharistie est une manière d'être*** *qui, de Jésus, passe chez le chrétien et, par le témoignage de ce dernier, vise à se répandre dans la société et dans la culture*[12]. »

À chaque Eucharistie, Jésus me prouve son amour en se donnant entièrement à moi et en m'accueillant tel que je suis. Cette expérience n'est pas forcément sensible, mais dans la foi, nous savons qu'elle est réelle. Cette certitude d'être aimé donne au chrétien le dynamisme pour se donner aux autres. Venir « puiser » à la source de l'amour, nous protège de l'« épuisement » dans l'amour. À chaque Eucharistie nous pouvons faire le plein d'amour pour ensuite le transmettre aux hommes qui nous entourent. Après la messe, Pier Giorgio Frassati, ce jeune italien récemment béatifié, allait visiter les pauvres, en disant qu'il leur rendait l'amour qu'il avait reçu de Jésus dans l'Eucharistie.

Chaque Eucharistie fait de nous « *un seul corps* », nous fait entrer dans la communion des saints, dans la solidarité avec toute l'humanité. Benoît XVI disait aux jeunes : « *Si nous pensons et si nous vivons dans la communion avec le Christ, alors* ***nos yeux s'ouvriront.*** *Alors nous ne nous contenterons plus de vivoter, préoccupés seulement de nous-mêmes, mais nous verrons où et comment nous sommes utiles. En vivant et en agissant ainsi, nous nous apercevrons bien vite qu'il est beaucoup plus beau d'être utiles et d'être à la disposition des autres que de se préoccuper seulement des facilités qui nous sont offertes*[13]. »

---

12. *Mane nobiscum Domine*, 25.
13. Homélie du 21 août 2005.

Déjà le pape Jean-Paul II écrivait dans son livre *Entrez dans l'Espérance* : « *Les jeunes, garçons et filles, prennent progressivement conscience qu'ils devront vivre pour les autres et avec les autres ; ils sentent bien que leur vie n'aura de sens que dans la mesure où ils en feront le* ***don gratuit*** *à leur prochain. Toutes les vocations trouvent leur origine dans cette découverte, qu'il s'agisse des vocations sacerdotales et religieuses ou des vocations au mariage*[14]. »

Non seulement le don de nous-mêmes donne un sens à notre vie, mais il nous rend heureux. Sainte Thérèse de Lisieux en fait l'expérience la nuit de Noël, lorsque, s'appuyant sur la force reçue dans la communion, elle surmonte son chagrin pour faire plaisir à son papa. Elle raconte : « *Je sentis la charité entrer dans mon cœur,* ***le besoin de m'oublier pour faire plaisir*** *et depuis lors je fus heureuse*[15] *!* » S'oublier pour faire plaisir, c'est le secret du vrai bonheur.

Souvent nous n'arrivons pas à nous oublier, parce que notre besoin d'amour n'est pas comblé. Nous ne pourrons « *nous oublier* » que si régulièrement nous faisons le plein d'amour dans l'Eucharistie. Jésus s'y donne totalement à nous et Il nous invite à faire de même ; il sait en effet que c'est dans le don de nous-mêmes que nous trouverons la vraie joie. La joie des milliers de jeunes volontaires en service lors des JMJ, celle des sœurs de Mère Teresa, notre propre joie quand nous avons rendu quelqu'un heureux... en témoignent. Mais attention, cela ne veut pas dire que nous n'ayons pas besoin de temps de repos où nous pouvons reprendre des forces !

L'amour, c'est très concret : Benoît XVI attirait l'attention des jeunes sur la solitude des personnes âgées, par

14. *Entrez dans l'Espérance,* Plon-Mame, 1994, p. 190-191.
15. *Manuscrit A,* 45 v°.

exemple. Aimer le prochain, c'est d'abord prendre conscience de sa présence, c'est être attentif à ses vrais besoins, c'est lui rendre service, l'écouter, lui rendre visite. C'est aider un enfant à faire ses devoirs ou jouer à cache-cache avec lui plutôt que de lire un magazine intéressant, c'est écouter pour la vingtième fois l'histoire d'une grand-mère sans lui faire remarquer qu'on la connaît déjà, c'est partager notre temps mais aussi nos biens matériels avec ceux qui ont moins que nous, c'est respecter nos collèges de travail, être honnêtes, ne pas dire du mal des autres…

Sœur Faustine avait bien compris que c'est en aimant les hommes que l'on rend au Seigneur l'amour qu'il a pour nous :

« *À chaque souffle de mon être, à chaque battement de mon cœur, à chacune de ses pulsations du sang dans mon corps, autant de fois je désire exalter Ta miséricorde, ô Très Sainte Trinité.*

« *Je désire me transformer tout entière en ta Miséricorde et être ainsi un vivant reflet de toi, Ô Seigneur. Que le plus grand des attributs divins, ton insondable Miséricorde, passe par mon âme et mon cœur sur le prochain.*

« *Aide-moi, Seigneur pour que mes* ***yeux*** *soient miséricordieux, pour que je ne soupçonne jamais ni ne juge d'après les apparences extérieures, mais que je discerne la beauté dans l'âme de mon prochain et que je lui vienne en aide.*

« *Aide-moi, Seigneur, pour que mon* ***oreille*** *soit miséricordieuse, afin que je me penche sur les besoins de mon prochain et ne reste pas indifférente à ses douleurs ni à ses plaintes.*

« *Aide-moi, Seigneur, pour que ma* ***langue*** *soit miséricordieuse, afin que je ne dise jamais du mal de mon pro-*

chain, mais que j'aie pour chacun un mot de consolation et de pardon.

« *Aide-moi, Seigneur, pour que mes* **mains** *soient miséricordieuses et remplies de bonnes actions, afin que je sache faire du bien à mon prochain et prendre sur moi les tâches les plus lourdes et les plus déplaisantes.*

« *Aide-moi, Seigneur, pour que mes* **pieds** *soient miséricordieux, pour me hâter au secours de mon prochain, en dominant ma propre fatigue et ma lassitude. Mon véritable repos est de rendre service à mon prochain.*

« *Aide-moi, Seigneur, pour que mon* **cœur** *soit miséricordieux, afin que je ressente toutes les souffrances de mon prochain. Je ne refuserai mon cœur à personne. Je fréquenterai sincèrement même ceux qui, je le sais, vont abuser de ma bonté, et moi, je m'enfermerai dans le Cœur Très Miséricordieux de Jésus. Je tairai mes propres souffrances. Que ta miséricorde repose en moi, ô mon Seigneur*[16]. »

3.2 Par l'annonce de la Parole de Dieu

À Sainte Faustine, Jésus a indiqué la parole comme seconde façon de pratiquer la miséricorde.

Avant de parler de l'annonce de la Parole de Dieu, considérons d'abord notre propre parole. Sœur Faustine demandait à Jésus de lui donner pour les autres « *des paroles de pardon et de réconfort* ». Par notre parole, nous pouvons encourager, consoler, dire une gentillesse qui éclairera la journée de la personne à laquelle nous l'avons dite.

Dans la relation humaine, les psychologues ont bien mis en lumière les cinq langages de l'amour : parole, service, temps gratuit, cadeau, geste de tendresse. Si certains

16. *Petit Journal*, 163.

sont surtout sensibles aux gestes d'entraide ou aux cadeaux, d'autres le sont plus aux paroles gentilles que l'on peut leur dire… Aussi n'hésitons pas à remercier pour les services rendus, à faire un compliment pour un travail bien fait, à encourager par quelques mots d'espérance l'enfant qui apporte une mauvaise note, à téléphoner à la grand-mère qui vit toute seule…

Mais nous sommes aussi appelés à pratiquer la miséricorde en offrant aux hommes la Parole de Dieu. À la fin de chaque messe, il nous est demandé de proclamer l'Évangile[17]. C'est une nécessité, car Dieu « *a mis dans le cœur de l'homme la "faim" de sa Parole (cf. Am 8, 11)*[18] ». Si nous ne lui donnons pas la Parole de Dieu, l'homme se fabriquera sa propre religion. Benoît XVI disait à Cologne : « *La religion recherchée comme une sorte de "bricolage" … est commode, mais dans les moments de crise, elle nous abandonne à nous-mêmes*[19]. » Et il encourageait les jeunes : « *Qui a découvert le Christ se doit de conduire les autres vers lui. On ne peut garder pour soi une grande joie. Il faut la transmettre … Aidez les hommes à découvrir la véritable étoile qui nous indique la route : Jésus Christ ! Nous aussi,* ***cherchons à le connaître toujours mieux*** *pour pouvoir conduire les autres vers lui de manière convaincante. C'est pourquoi il est si important d'aimer la Sainte Écriture*[20]… »

Le pape Jean-Paul II nous a donné l'exemple à travers les premiers mots de son pontificat : « *N'ayez pas peur !* » Lors du Jubilé de l'an 2000, il est revenu sur cette parole de confiance : « *À la fin du IIe millénaire, nous avons plus que jamais besoin d'entendre cette*

17. Cf. *Mane nobiscum Domine*, 24.
18. *Mane nobiscum Domine*, 19.
19. Homélie du 21 août 2005.
20. *Ibid.*

parole du Christ ressuscité : "N'ayez pas peur.» C'est une ***nécessité*** *pour l'homme d'aujourd'hui qui ... ne cesse pas d'avoir peur en son for intérieur et non sans raisons...»* Comment les hommes de notre temps n'auraient-ils pas peur en voyant le chômage, les actes de terrorisme, la violence, les catastrophes naturelles, les épidémies... se multiplier? Face à cela le pape nous suppliait : « *Il faut que, dans la conscience de chaque être humain,* ***se fortifie la certitude qu'il existe Quelqu'un qui tient dans ses mains le sort de ce monde qui passe ... et surtout la certitude que ce Quelqu'un est Amour,*** *l'Amour fait homme, l'Amour crucifié et ressuscité, l'Amour sans cesse présent au milieu des hommes ! Il est l'Amour eucharistique. Il est le seul que nous puissions croire sans la moindre réserve quand il nous demande : N'ayez pas peur*[21] *!* »

Si les chrétiens sont persuadés que l'amour porte le monde et qu'ils en témoignent par leurs actes et leurs paroles, alors cette *certitude se fortifiera dans la conscience de chaque être humain.*

Si nous avons le désir de témoigner de cette Bonne Nouvelle, le Seigneur nous rendra attentifs aux occasions d'annoncer plus directement sa Parole. L'Esprit Saint nous inspirera les mots à dire et nous donnera le courage pour le faire...

Par exemple, à la maman qui vous confie ses soucis avec un enfant, vous pourrez peut-être dire : « Je vais prier pour lui, car j'ai déjà fait plusieurs fois l'expérience de l'aide de Dieu. » Si la maman vous dit simplement merci et change de sujet de conversation, n'insistez pas. Mais si elle vous questionne sur votre foi, n'hésitez pas à lui en témoigner tout simplement. De même avec des collègues de travail, des voisins,

21. *Entrez dans l'Espérance*, p. 320-321.

des amis... L'Esprit Saint peut donner aussi des idées plus audacieuses pour évangéliser. Osons suivre ses motions intérieures. Quand une idée vient de lui, les portes s'ouvrent.

Enfin suivons le conseil du pape Benoît XVI aux jeunes à Cologne : « *Formez des communautés fondées sur la foi ! ... Cherchez la communion dans la foi en étant ensemble des compagnons de route*[22]... » Seul on n'ose peut-être pas témoigner, évangéliser, mais à deux ou en communauté ou en paroisse, on se soutient et on s'encourage mutuellement.

Il ne s'agit pas forcément de faire des sermons ou d'enseigner sur les places publiques. Il ne s'agit pas non plus, dans des conversations, d'essayer à tout prix de convaincre. Il s'agit d'écouter vraiment en respectant profondément nos interlocuteurs, tout en demandant à Jésus et à l'Esprit Saint de nous inspirer la parole qui, suivant le cas consolera, encouragera, réveillera, éclairera. Discrétion et disponibilité vont de pair. Le *Catéchisme* nous affirme que l'Esprit Saint prépare le cœur des hommes par sa grâce pour les attirer vers le Christ[23]. Appuyons-nous sur cette certitude, pour, par amour de Jésus, parler de lui, prononcer son Nom. Saint Pierre encourageait ses auditeurs : « *[Soyez] toujours prêts à rendre compte de l'espérance qui est en vous* » (1 P 3, 15).

3.3 Par la prière

On a parfois tendance à opposer prière et action, en considérant la prière comme une fuite nous éloignant des réalités du monde. Pourtant actes et paroles ne suffisent pas, la prière est essentielle pour l'évangélisation.

---

22. Homélie du 21 août 2005.
23. Cf. CEC 737.

Dans une lettre à l'évêque de Liège, le pape Jean-Paul II décrit admirablement le rôle et l'importance de la prière : « *La proximité avec le Christ dans le silence de la contemplation n'éloigne pas de nos contemporains, mais, au contraire, elle nous rend* ***attentifs et ouverts aux joies et aux détresses des hommes,*** *et elle élargit le cœur aux dimensions du monde. Elle nous rend* **solidaires** *de nos frères en humanité, particulièrement des plus petits, qui sont les bien-aimés du Seigneur. Par l'adoration, le chrétien contribue mystérieusement à la transformation radicale du monde et à la germination de l'Évangile.* ***Toute personne qui prie le Sauveur entraîne à sa suite le monde entier et l'élève vers Dieu***[24]. »

Plus nous sommes proches de Jésus par la prière, plus il nous communique son regard d'amour sur les hommes et son désir de les attirer à lui afin de les combler par son amour. Sainte Thérèse de Lisieux est un bon exemple pour le comprendre. Son amour pour Jésus était si grand qu'elle aurait voulu parcourir la terre pour annoncer son amour : ce désir la « *torturait* », selon ses propres mots. Tout s'éclaira pour elle le jour où tombant sur les chapitres 12 et 13 de la première épître aux Corinthiens, elle comprit que « *l'Église avait un Cœur, et que ce Cœur était brûlant d'amour* ». Alors elle s'est écriée : « *Dans le Cœur de l'Église, ma Mère, je serai l'Amour... ainsi je serai tout..., ainsi mon rêve sera réalisé*[25] *!...* »

Le cardinal Danneels commentait ainsi cette phrase : « *L'amour a toujours été le noyau de toute œuvre missionnaire, car on évangélise le cœur par le cœur.* » Il ajoutait que l'Évangile n'est pas proclamé uniquement au travers de la communication orale mais aussi et

24. Jean-Paul II, Lettre à Mgr Houssiau, évêque de Liège, à l'occasion du 750e anniversaire de la Fête-Dieu, 28 mai 1996, dans *L'Osservatore Romano* des 10-11 juin 1996.

25. *Manuscrit B*, 3 v°.

surtout « *par les voies secrètes et invisibles de la communion des saints*[26] » : ce réseau de communication est bien plus rapide que la communication orale.

Nous vivons cela dans l'adoration. Nous nous unissons à Jésus présent dans l'Eucharistie, nous lui présentons le monde entier et avec lui, dans la prière, nous devenons proches de tout homme : nos proches, mais aussi ceux que nous côtoyons dans la rue et même l'étranger qui habite à l'autre bout du monde et dont nous apprenons la détresse par la télévision. Même si nous sommes immobilisés chez nous par la maladie, la vieillesse ou par les occupations ménagères, la prière nous permet de rejoindre tous ces hommes à l'instant même, et nous contribuons « *à la transformation radicale du monde et à la germination de l'Évangile* ». Chaque fois que nous « *prions le Sauveur* », nous « *entraînons le monde entier à sa suite* » et nous « *l'élevons vers Dieu* ».

4. CONSEILS PRATIQUES POUR L'ADORATION EUCHARISTIQUE

Quand nous serons devant Jésus, comme d'habitude, mettons-nous vraiment en sa présence, disons-lui bonjour avec nos propres mots, présentons-lui notre journée, nos joies, nos soucis. Et puis faisons silence, contemplons-le en train de nous regarder.

Nous pouvons nous poser la question : Jésus, est-ce que je crois vraiment que tu tiens le sort du monde dans tes mains ? Quand ai-je déjà expérimenté ton aide, ta présence, ton conseil ? Jésus, ce que j'ai vécu avec toi, est-ce que j'ai le désir de le faire partager à d'autres ?

---

26. Lisieux, 1987.

Rappelons-nous le thème du chapitre précédent, rappelons-nous que Jésus a souffert de voir le Père et lui-même rejetés par les hommes et que ce rejet lui a transpercé le cœur. Rappelons-nous son intense désir de nous ramener tous dans les bras du Père.

Saint François d'Assise pleurait en disant : « *L'Amour n'est pas aimé !* » et saint Dominique lui faisait écho en gémissant : « *Que vont devenir les pécheurs ?* » Et nous, nous demandons-nous parfois ce que vont devenir tous ces hommes qui ne connaissent pas Dieu et se fabriquent leurs propres idoles ? Dans l'adoration supplions le Père, Jésus et l'Esprit Saint de mettre dans nos cœurs ce double amour, comme ils l'ont fait avec François et Dominique : l'amour de Dieu et l'amour des hommes. Seul le Dieu trinitaire peut nous donner un tel amour.

Présentons-lui concrètement les personnes de notre entourage, notre paroisse, le monde entier. Demandons-lui de venir les visiter, de venir préparer leur cœur. Demandons aussi à Jésus de nous rendre attentifs à toutes les occasions qui se présenteront à nous de prononcer son nom, de donner une parole d'espérance.

Notre prière est puissante : sœur Faustine l'expérimentait lorsqu'elle ne pouvait exercer la miséricorde en acte ou en parole.

« *Si je ne peux témoigner la miséricorde ni par l'action, ni par la parole, je le pourrai toujours par la prière. J'envoie ma prière même là où je ne puis aller physiquement*[27]. »

Nous pouvons nous appuyer sur la promesse de Jésus : « *Voici que je suis avec vous tous les jours jusqu'à la fin du monde* » (Mt 28, 20). Le pape Jean-Paul II disait qu'« *au terme de chaque messe,* ***tous doivent se***

---

27. *Petit Journal*, 163.

***sentir envoyés comme "missionnaires de l'Eucharistie"** pour diffuser dans tous les milieux le grand don reçu*[28]. » À chaque Eucharistie, Jésus nous envoie tous en mission pour annoncer à tout homme : « Jésus est avec toi dans l'Eucharistie tous les jours, jusqu'à la fin du monde ! » Nous avons commencé ce parcours sur l'adoration avec le pape Jean-Paul II et nous allons maintenant le conclure avec les paroles du pape Benoît XVI aux jeunes du monde entier : « *Allons de l'avant avec le Christ et vivons notre vie en vrais adorateurs de Dieu ! Amen*[29] *!* »

---

28. Message pour la Journée mondiale des missions, avril 2004.
29. Homélie du 21 août 2005.

ANNEXE I

LA MISE EN PLACE D'UNE ÉCOLE D'ADORATION

« *Lorsqu'on a fait une véritable expérience du Ressuscité, se nourrissant de son corps et de son sang, on ne peut garder pour soi seul la joie éprouvée* » (Jean-Paul II).

Peut-être êtes-vous familier de l'adoration eucharistique depuis des années. Ou bien ce livre vous a incité à aller adorer Jésus dans le Saint-Sacrement, et vous avez découvert à votre tour ce trésor.

Si maintenant vous désirez partager cette joie de l'expérience de l'amour du Christ présent dans l'Eucharistie, les « écoles de prière et d'adoration » sont une possibilité pour répondre concrètement à l'appel de Jean-Paul II : « *Pour évangéliser le monde, il faut des apôtres experts en célébration, en adoration et en contemplation de l'Eucharistie*[1]. »

Il n'est pas nécessaire d'attendre de devenir un « expert » pour proposer ce projet, alliant simplicité et souplesse, aux prêtres de nos paroisses, aumôneries, maisons de personnes âgées, groupes de prière, etc.

Le but de ces écoles de prière et d'adoration est :

- de créer l'occasion d'une rencontre personnelle avec le Seigneur dans le Saint-Sacrement ;
- d'intensifier et d'enrichir cette relation de rencontre en rencontre ;
- de faire naître le désir d'adorer régulièrement le Saint-Sacrement ;

1. Message pour la Journée mondiale des missions de 2004.

- pour cela de mettre en place un temps d'adoration dans la paroisse ou le groupe de prière ;
- de faire naître chez les participants les sentiments du Christ, particulièrement la compassion,
- ce qui les mènera au désir de partager le trésor reçu en invitant d'autres personnes à venir adorer et en leur annonçant l'amour du Christ.

Le **rythme des rencontres** est flexible. Si la plupart des écoles ont lieu une fois par mois – ce qui est « léger » pour les organisateurs et les participants, mais permet, grâce au *Livret des participants* (voir plus loin), un approfondissement de ce qui a été donné dans les enseignements et la prière –, certaines paroisses préfèrent le rythme bimensuel. Une rencontre hebdomadaire est également envisageable. De même, ces réunions peuvent avoir lieu en soirée ou, pourquoi pas, dans la matinée (pour les personnes âgées, les mères de famille, etc.).

Pour le cas particulier des groupes de prière, il n'est pas forcément opportun d'imposer à tous les participants une école de prière et d'adoration qu'ils n'auraient pas choisie. Il est préférable d'organiser une rencontre supplémentaire, mensuelle, avec des personnes ayant librement décidé de suivre ce parcours.

Le **déroulement d'une rencontre** peut être adapté à chaque situation. Nous vous proposons le suivant :

1. Accueil et salutation des participants

Le prêtre ou l'une des personnes organisatrices de la rencontre accueille brièvement les participants. La première fois, il est nécessaire d'expliquer le projet et de présenter le déroulement de la soirée. Ceci peut être rappelé très brièvement les fois suivantes s'il y a des nouveaux.

2. Répétition d'un chant d'adoration

Il est bon d'avoir des carnets ou feuilles de chants. Les chants d'adoration de la Communauté de l'Emmanuel que nous vous proposons sur le CD réalisé spécialement pour ce parcours[2], se sont avérés être une aide précieuse pour introduire les participants dans la prière. Mais il est bien entendu possible de choisir d'autres chants.

Dans un groupe de prière connaissant déjà de nombreux chants d'adoration, la soirée peut commencer par un ou deux chants de louange.

Lors du 8e enseignement sur l'Esprit Saint, on peut apprendre un chant à l'Esprit Saint, assez doux.

3. Enseignement, d'une durée variant de 35 à 45 minutes

Si vous avez lu ce livre, vous avez pu constater que le contenu des douze chapitres n'est pas seulement une première introduction à la prière, et plus particulièrement à l'adoration du Saint-Sacrement, mais aussi une sorte de catéchèse nous aidant à découvrir ou à approfondir notre connaissance de Dieu, tel que la Bible et le Magistère de l'Église nous l'ont révélé. Nous avons fait ce choix délibérément, persuadés que plus nous connaissons Dieu, plus cela nourrit notre prière et augmente notre amour pour lui. C'est ce que le Pape Benoît XVI rappelait à Cologne : « *Aidez les hommes à découvrir la véritable étoile qui nous indique la route : Jésus Christ ! Nous aussi, nous cherchons à le connaître toujours mieux pour pouvoir conduire les autres vers lui de manière convaincante*[3]. »

Conseils d'ordre général

Les enseignements peuvent être faits par une seule personne ou répartis entre plusieurs.

Même si vous n'avez aucune expérience dans ce domaine, vous pouvez oser vous lancer en vous préparant bien.

- Pour cela, regardez le plan puis lisez l'enseignement en entier.
- Essayez de mettre succinctement par écrit ce dont vous vous rappelez.
- Puis prenez un paragraphe après l'autre. Résumez-le pour

2. CD « Il est vivant ! » n° 43, *Adorez-le*.
3. Benoît XVI, Homélie du 21 août 2005 à Cologne.

voir si vous l'avez bien compris. Ensuite réécrivez le. Vous pouvez bien sûr garder certaines phrases intégralement, mais remplacez-en d'autres par vos propres mots, car chacun a une façon différente de sentir et de dire les choses. Cela rendra l'enseignement plus vivant et captera plus aisément l'attention des participants qui vous pardonneront volontiers quelques petites hésitations.

- Parfois certaines références tirées des encycliques sont un peu longues. Relisez les plusieurs fois pour bien les comprendre et, éventuellement, n'en redonner que le sens.
- Suivant le public que vous aurez devant vous, il sera peut-être nécessaire de supprimer ou de raccourcir certains passages afin que l'enseignement ne soit pas trop long. Prévoyez cette éventualité à l'avance.
- Il est également possible de rajouter des petits témoignages personnels, mais veillez à ne pas rallonger les enseignements.

Sur les enseignements en particulier

- Le 1er enseignement sur « l'Eucharistie » est plus long et un peu plus ardu que les suivants. Il est bon d'en avertir les auditeurs.

  Il est possible d'exposer le Saint-Sacrement à la fin de la première partie et de donner les conseils pratiques pour l'adoration devant le Saint-Sacrement exposé. Veillez cependant à garder les quinze minutes en silence après ces conseils pratiques.

  Autre variante : vous pouvez renoncer à apprendre un chant d'adoration au début et commencer l'enseignement après la présentation de la soirée. Vous pouvez apprendre le chant à la fin de la première partie avant d'enchaîner sur les conseils concrets. Cela permet aux auditeurs de se détendre avant de passer à la seconde partie.
- Pour le 12e enseignement sur « Eucharistie et mission », la prière de sainte Faustine étant très longue, il

suffit d'en résumer le contenu, car elle se trouve dans le *Livret des participants*[4].

4. Exposition du Saint-Sacrement et adoration silencieuse

À la fin de l'enseignement, on invite les participants à se mettre à genoux afin d'accueillir Jésus dans le Saint-Sacrement. Pendant que le prêtre ou le diacre se rend vers le tabernacle, on entonne le chant appris au début. Pendant que l'on chante, le prêtre expose le Saint-Sacrement comme il est indiqué dans le Rituel[4].

Puis on adore le Saint-Sacrement en silence complet pendant 15 minutes. Ce temps est assez court, afin de ne pas décourager les personnes n'ayant jamais fait l'expérience d'un long temps de prière en silence. Il pourra progressivement passer à 20 puis 30 minutes. Dans le cas d'un groupe où toutes les personnes ont l'habitude d'adorer, ce temps peut être plus long.

Au bout de 15 minutes, le prêtre ou le diacre s'agenouille devant le Saint-Sacrement. L'animateur du chant entonne le chant d'adoration du début. Ensuite, le prêtre ou le diacre se lève et dit l'une des prières prévues au Rituel, puis il bénit l'assemblée en silence avec l'ostensoir. L'assemblée peut reprendre le chant pendant que le prêtre repose le Saint-Sacrement dans le tabernacle.

Le prêtre ou la personne responsable disent quelques mots d'adieu, si un temps d'échange n'est pas prévu.

5. Temps d'échange pour ceux qui le désirent

Les expériences de temps d'échange sont variées. Dans certaines paroisses, le prêtre ou les participants ont préféré terminer la rencontre en silence. Dans d'autres, le temps de partage a été très fructueux, permettant de créer des liens entre les personnes, d'approfondir les thèmes traités en pouvant poser des questions, et surtout de se témoigner réciproquement des grâces et des joies reçues dans la prière

4. Voir plus loin.
5. Voir plus loin, p. 215.

ou des changements intervenus dans la vie quotidienne grâce à la prière.

C'est aussi grâce à ce temps d'échange, que le prêtre de la paroisse ou le responsable d'un groupe de prière pourront voir si les participants désirent continuer à adorer régulièrement ensemble après la fin du parcours et, le cas échéant, voir comment mettre ce temps en place dans la paroisse.

*

Si une école de prière et d'adoration est mise en place dans votre paroisse ou votre groupe de prière, nous vous serions reconnaissants de bien vouloir nous faire parvenir vos coordonnées (nom et numéro de téléphone de la personne responsable, nom et adresse de la paroisse, lieu, dates et heures où l'école se tiendra). Nous pourrions communiquer ces renseignements aux personnes de votre région nous demandant des adresses d'écoles de prière et d'adoration. Nous envisageons également de mettre une liste de toutes les écoles existantes sur un site Internet dédié. Veuillez envoyer ces renseignements à l'adresse suivante :

Écoles de prière et d'adoration
B.P. 104, 92203 Neuilly Cedex

ou par courriel à : ecole.adoration@emmanuel.info

*

Les Éditions de l'Emmanuel proposent deux outils au service des écoles d'adoration :

- *Livret des participants à une école de prière et d'adoration.* Plan des enseignements, conseils pratiques pour le temps d'adoration et courtes citations pour soutenir la prière. 48 pages. Réf. CDR 0234.
- CD *Adorez-le,* collection « Il est vivant ! », n° 43. Chants pour l'adoration eucharistique. Réf. CDD 0043, 16 euros.

ANNEXE II

EXTRAITS DU RITUEL

Voici, extrait du Rituel de l'Eucharistie en dehors de la messe, *le début du chapitre III (« Les différentes formes de culte à rendre à l'eucharistie »). L'introduction explique le culte rendu au Christ présent dans l'eucharistie et la première partie du chapitre traite de l'exposition du Saint-Sacrement*.*

LE CULTE EUCHARISTIQUE

79 Puisque le sacrifice eucharistique est la source et le sommet de toute la vie chrétienne, on recommande vivement la dévotion, aussi bien privée que publique, envers la sainte eucharistie, même en dehors de la messe, selon les normes fixées par l'autorité légitime.

Ces pieux exercices doivent être réglés en tenant compte des temps liturgiques et de façon à s'harmoniser avec la liturgie, à en découler d'une certaine manière, et à y introduire le peuple[1].

80 Lorsque les fidèles adorent le Christ présent dans le sacrement, ils doivent se rappeler que cette présence dérive du sacrifice et tend à la communion sacramentelle en même temps que spirituelle.

La piété, qui pousse les fidèles à pratiquer l'adoration de la sainte eucharistie, les attire à participer plus profondément au mystère pascal, et à répondre avec

* *Rituel de l'Eucharistie en dehors de la messe,* AELF, 2e édition, 1996, p. 68-74.

reconnaissance au don du Christ qui, par son humanité, ne cesse de répandre la vie divine dans les membres de son Corps. En s'attardant auprès du Christ Seigneur, ils jouissent de son intime familiarité, et, devant lui, ils épanchent leurs cœurs pour eux-mêmes et pour tous les leurs, ils prient pour la paix et le salut du monde. En offrant leur vie entière au Père avec le Christ dans le Saint-Esprit, ils puisent dans cet admirable échange un accroissement de leur foi, de leur espérance, et de leur charité. Ils entretiennent donc ainsi les bonnes dispositions qui leur permettent d'avoir toute la dévotion voulue pour célébrer le mémorial du Seigneur et recevoir fréquemment ce pain que le Père nous donne.

Les fidèles s'appliqueront donc à rendre un culte au Christ Seigneur dans le sacrement selon leur état de vie. Sur ce point, les pasteurs doivent les guider par leur exemple et les exhorteront par leur parole[2].

81 Ils se rappelleront en outre que, par cette prière devant le Christ Seigneur présent dans le sacrement, ils prolongent l'union obtenue avec lui dans la communion et renouvellent cet engagement qui les pousse à pratiquer par toute leur vie ce que la célébration de l'eucharistie leur à fait saisir par la foi et le sacrement. Ils s'efforceront donc de passer toute leur vie dans la joie, soutenus par cette nourriture venue du ciel, en participant à la mort et à la résurrection du Seigneur. Que chacun donc s'empresse d'accomplir de bonnes œuvres et de plaire à Dieu, en se donnant pour tâche d'imprégner le monde d'esprit chrétien et de devenir le témoin du Christ en toute circonstance, au cœur même de la communauté humaine[3].

1. Cf. *Eucharisticum mysterium*, n. 58.

1

L'EXPOSITION DE L'EUCHARISTIE

NOTES PASTORALES

I. Relation de l'exposition avec la messe

82 L'exposition de la sainte eucharistie, soit avec le ciboire, soit avec l'ostensoir, amène à y reconnaître la présence du Christ, et invite à une communion de cœur avec lui, qui atteint son sommet dans la communion sacramentelle. C'est pourquoi elle favorise très bien le culte en esprit et en vérité qui lui est dû.

On veillera à ce que, dans ces expositions, le culte rendu au Saint-Sacrement apparaisse clairement dans la relation qui l'unit à la messe. Dans l'agencement de l'exposition, on évitera avec soin tout ce qui pourrait voiler de quelque façon le désir du Christ qui a institué l'eucharistie avant tout pour être à notre portée comme notre nourriture, notre remède et notre réconfort[4].

83 Tant que dure l'exposition du Saint-Sacrement, il est interdit de célébrer la messe dans la même nef de l'église ou le même oratoire. En effet, outre les motifs présentés au n. 6, la célébration du mystère eucharistique inclut de la façon la plus parfaite cette communion intérieure à laquelle l'exposition veut amener les fidèles. Si l'exposition du Saint-Sacrement se prolonge pendant un jour ou pendant plusieurs jours successifs, on doit l'interrompre pendant l'exposition de la messe, sauf si la messe se célébrait dans une chapelle séparée de la nef de l'exposition où quelques fidèles au moins demeureraient en adoration[5].

---

2. Cf. *ibid.,* n. 50.
3. Cf. *ibid.,* n. 13.

II. De quelques points à observer

84 En présence du Saint-Sacrement, qu'il soit conservé dans le tabernacle ou exposé à l'adoration publique, on ne fait la génuflexion que d'un seul genou.

85 Dans l'exposition du Saint-Sacrement faite avec l'ostensoir, on allume autant de cierges que pour la messe (c'est-à-dire au moins deux, ou quatre ou six) et l'on emploie l'encens là ou c'est l'usage. Dans l'exposition avec le ciboire, on allume au moins deux cierges, et l'on peut employer l'encens.

L'exposition prolongée

86 Dans les églises ou oratoires où l'on conserve l'eucharistie, il est recommandé de faire chaque année une exposition solennelle du Saint-Sacrement, prolongée pendant un certain temps, même si elle n'est pas strictement continue, pour que la communauté locale médite et adore ce mystère plus longuement. Toutefois, on ne ferra d'exposition de cette sorte que si l'on prévoit une affluence convenable des fidèles[6].

87 Pour une nécessité grave et générale, l'ordinaire du lieu peut prescrire une supplication devant le Saint-Sacrement exposé, prolongée pendant un temps assez long, dans les églises les plus fréquentées des fidèles[7].

88 Lorsque, par manque d'adorateurs, l'exposition ne peut se faire sans interruption, il est permis de reposer le Saint-Sacrement dans le tabernacle, à des heures décidées à l'avance et communiquées au public, mais pas plus de deux fois par jour, par exemple vers midi et pour la durée de la nuit. Cette reposition peut se faire très simplement : le prêtre ou le diacre, revêtu de l'aube ou du surplis sur l'habit long, et de l'étole, après

4. Cf. *ibid.*, n. 60.
5. Cf. *ibid.*, n. 61.
6. Cf. *ibid.*, n. 63.
7. Cf. *ibid.*, n. 64.

une brève adoration et une prière faite avec les fidèles, repose le Saint-Sacrement dans le tabernacle. De la même manière, au moment prévu, on fait à nouveau l'exposition[8].

L'exposition brève

89 Les expositions brèves du Saint-Sacrement seront organisées de telle sorte qu'avant la bénédiction avec le Saint-Sacrement, on accorde un temps convenable pour des lectures de la parole de Dieu, des cantiques, des prières, et une oraison prolongée quelque temps en silence.

L'exposition qu'on ferait uniquement pour donner la bénédiction est interdite[9].

L'adoration dans les communautés religieuses

90 On recommande vivement aux communautés religieuses et autres groupements de piété qui, selon leurs constitutions ou les normes de leur institut, pratiquent l'adoration eucharistique perpétuelle ou prolongée assez longuement, de le faire dans l'esprit de la liturgie. Lorsque l'adoration devant le Christ Seigneur se fera avec la participation de toute la communauté, elle comportera des lectures bibliques, du chant, un silence sacré, afin de favoriser plus efficacement la vie spirituelle de cette communauté. C'est ainsi que l'esprit d'unité et de fraternité, signifié et réalisé par l'eucharistie, progressera parmi les membres de la maison religieuse en question, et que le culte dû au sacrement s'exercera sous une forme plus noble.

On veillera aussi à conserver cette forme d'adoration, digne d'éloge, où les membres de la communauté se succèdent un par un, ou deux par deux. En effet, sous cette forme aussi, selon la règle de l'institut approuvée

8. Cf. *ibid.*, n. 65.
9. Cf. *ibid.*, n. 66.

par l'Église, ils adorent et prient le Christ Seigneur dans le sacrement au nom de toute la communauté et de toute l'Église.

III. Le ministre de l'exposition eucharistique

91 Le ministre ordinaire de l'exposition du Saint-Sacrement est le prêtre ou le diacre qui, à la fin de l'adoration, avant la reposition, bénit le peuple avec le sacrement.

En cas d'absence ou d'empêchement légitime de la part du prêtre ou du diacre, peuvent exposer publiquement la sainte eucharistie à l'adoration des fidèles et ensuite la reposer un acolyte institué, ou un autre ministre extraordinaire de la sainte communion, ou quelqu'un d'autre député par l'ordinaire du lieu.

92 Tous ces ministres peuvent faire l'exposition en ouvrant le tabernacle ou même, si c'est opportun, en posant le ciboire sur l'autel ou en mettant l'hostie dans l'ostensoir. Cependant il ne leur est pas permis de donner la bénédiction avec le Saint-Sacrement.

Le ministre, s'il est prêtre ou diacre, revêtira l'aube, ou le surplis sur l'habit long, et mettra l'étole blanche.

Les autres ministres prendront le vêtement liturgique traditionnel dans leur région ou leur communauté, ou bien un vêtement qui ne soit pas inconvenant pour ce ministère.

Pour donner la bénédiction à la fin de l'adoration, quand l'exposition est faite avec l'ostensoir, le prêtre et le diacre prendront en outre la chape et le voile huméral de couleur blanche ; si c'est avec le ciboire, ils pourront prendre le voile huméral. *On peut, là où c'est l'usage, se contenter de l'aube et de l'étole blanche.*

L'EXPOSITION ET LA BÉNÉDICTION EUCHARISTIQUES

L'exposition du Saint-Sacrement

93 Lorsque le peuple est rassemblé, le ministre se rend à l'autel. Pendant ce temps, là où c'est opportun, l'assemblée chante un chant.

Si le Saint-Sacrement n'est pas conservé à l'autel où se fait l'exposition, le ministre prend le voile huméral, accompagné par des servants ou des fidèles portant des cierges allumés, il transporte le Saint-Sacrement du lieu de la réserve à l'autel.

Le ciboire ou l'ostensoir sera posé sur la table de l'autel recouverte d'une nappe (cf. n. 82b). Si l'exposition se prolonge pendant un temps assez long et se fait avec l'ostensoir, on peut (si c'est utile pour les fidèles) employer un trône placé plus haut ; mais on évitera qu'il soit trop élevé ou trop éloigné par rapport à l'autel[10].

Lorsqu'il a fait l'exposition, et si c'est avec l'ostensoir, le ministre encense le Saint-Sacrement. Ensuite, si l'adoration se prolonge un certain temps, il peut se retirer.

(Pour la chape, le voile huméral, les cierges, l'encensement, on tiendra compte des usages locaux.)

94 Si l'exposition est solennelle ou prolongée, l'hostie qui doit être proposée à l'adoration sera consacrée à la messe qui précède immédiatement et sera placée dans l'ostensoir après la communion. La messe se terminera par la prière après la communion, en omettant les rites de la conclusion.

Avant de se retirer, le prêtre, selon l'opportunité,

10. Cf. *Eucharisticum mysterium*, n. 62.

placera éventuellement le sacrement sur le trône et l'encensera.

L'adoration du Saint-Sacrement

95 Pendant que le Saint-Sacrement demeure exposé, on organisera les prières, les chants, les lectures de telle sorte que les fidèles, appliqués à la prière, ne s'occupent que du Christ Seigneur.

Pour alimenter la prière profonde, on emploiera des lectures tirées de la Sainte Écriture (cf. chap. IV) et accompagnées d'une homélie ou de brèves exhortations, qui engagent à une meilleure appréciation du mystère eucharistique. Il convient aussi que les fidèles répondent par le chant à la parole de Dieu[11]. Il est bon que l'on garde un silence sacré.

96 Devant le Saint-Sacrement longuement exposé, on peut encore célébrer une partie, en particulier une heure principale, de la liturgie des Heures. Celle-ci, en effet, étend aux diverses heures du jour les louanges et actions de grâce qui sont offertes à Dieu dans la célébration de l'eucharistie; les supplications de l'Église sont adressées au Christ et par lui au Père, au nom du monde entier.

La bénédiction du Saint-Sacrement

97 Vers la fin de l'adoration, le prêtre ou le diacre se rend a l'autel, fait la génuflexion et demeure à genoux pendant que l'on chante un hymne ou un autre chant eucharistique[12]. Pendant ce temps, le ministre agenouillé encense le Saint-Sacrement quand l'exposition a été faite avec l'ostensoir.

---

11. Cf. *Rituel de l'eucharistie en dehors de la messe,* p. 90-104.
12. Cf. *ibid.,* p. 90-104.

98 Puis il se lève et dit l'une des prières suivantes :

1

Seigneur Jésus Christ,
dans cet admirable sacrement,
tu nous a laissé le mémorial de ta passion ;
Donne-nous de vénérer d'un si grand amour
le mystère de ton corps et de ton sang,
pour que nous puissions recueillir sans cesse
le fruit de ta rédemption.
Toi qui règnes pour les siècles des siècles.
R/ Amen.

2

Dieu notre père,
nous croyons et nous affirmons
que ton Fils, Jésus,
né pour nous de la Vierge Marie,
mis en croix pour nous,
est présent dans le sacrement de l'eucharistie ;
Fais-nous trouver à cette source divine
notre salut pour toujours.
Par Jésus, le Christ, notre Seigneur.

3

Accorde-nous, Seigneur notre Dieu,
de célébrer comme il convient
l'Agneau immolé pour nous,
présent dans l'obscurité de ce mystère ;
Nous pourrons alors le contempler
quand il dévoilera sa gloire.
Lui qui règne avec toi pour les siècles des siècles.

4

Toi qui nous as donné, Seigneur, le vrai pain du ciel, accorde-nous de trouver dans cet aliment la force de ton Esprit,
pour vivre en toi dès maintenant,
et pour ressusciter dans la gloire au dernier jour.
Par Jésus, le Christ, notre Seigneur.

5

Que la foi nous éclaire, Seigneur,
et que l'amour nous brûle,
afin que nous puissions adorer en esprit et en vérité
celui que nous reconnaissons dans ce sacrement
comme notre Seigneur et notre Dieu.
Lui qui règne avec toi pour les siècles des siècles.

6

Que le sacrement de l'eucharistie, Seigneur,
où tu veux bien refaire nos forces
emplisse nos cœurs de ton amour,
et nous fasse désirer les richesses du Royaume.
Par Jésus, le Christ, notre Seigneur.

7

Dieu qui as racheté tous les hommes
par le mystère pascal du Christ,
protège en nous l'œuvre de ton amour :
Que nous puissions célébrer le mystère de notre salut
de manière à en recueillir tous les fruits.
Par Jésus, le Christ, notre Seigneur.

99 Après avoir dit l'oraison, le prêtre ou le diacre reçoit le voile huméral, puis il fait la génuflexion, prend l'ostensoir ou le ciboire et fait sur le peuple le signe de croix sans rien dire.

La reposition

100 La bénédiction achevée, le prêtre ou le diacre qui l'a donnée, ou un autre prêtre ou diacre, dépose le sacrement dans le tabernacle et fait la génuflexion, tandis que le peuple chante, selon l'opportunité[13], et enfin il se retire.

---

13. Cf. *ibid.*, p. 90.

Table des matières

Achevé d'imprimer sur rotative
par l'imprimerie Darantiere à Dijon-Quetigny
en décembre 2006

Dépôt légal : juillet 2006
N° d'impression : 26-1987

Imprimé en France